## Jacques Ravenne

Auteur de romans policiers et d'essais historiques, Jacques Ravenne a créé avec son coauteur Éric Giacometti deux séries à succès : les enquêtes du commissaire Marcas et la saga *Soleil noir*, traduites dans vingt pays.

Éditeur de la correspondance du marquis de Sade avec l'anthologie *Lettres d'une vie* (Éditions 10/18, 2014), Jacques Ravenne publie, à l'occasion du bicentenaire de sa mort en 2014, *Les Sept Vies du marquis* chez Fleuve Éditions.

En 2020, il retrace des jours décisifs pour la République dans un roman historique, *La Chute : les derniers jours de Robespierre*, paru chez Perrin.

# LES DERNIERS JOURS DE ROBESPIERRE

DU MÊME AUTEUR
*CHEZ POCKET*

LES SEPT VIES DU MARQUIS DE SADE
LES TRIBULATIONS DE JEAN ACACIO
LES DERNIERS JOURS DE ROBESPIERRE

**De Eric Giacometti & Jacques Ravenne**

**LES ENQUÊTES DU COMMISSAIRE MARCAS**

IN NOMINE

LE RITUEL DE L'OMBRE
CONJURATION CASANOVA
LE FRÈRE DE SANG
LA CROIX DES ASSASSINS
APOCALYPSE
LUX TENEBRAE
LE SEPTIÈME TEMPLIER
LE TEMPLE NOIR
LE RÈGNE DES ILLUMINATI

LE SYMBOLE RETROUVÉ

LE SEPTIÈME TEMPLIER suivi du TEMPLE NOIR

JACQUES RAVENNE

# LES DERNIERS JOURS DE ROBESPIERRE

## LA CHUTE

PERRIN/PLON

ISSN : 0768-3014



ISBN : 978-2-266-30081-0

Dépôt légal : janvier 2021

*Les dieux aveuglent ceux qu'ils veulent perdre.*

Été 1794. La République est un champ de ruines. Attaquée sur ses frontières par l'Europe coalisée, en proie à la guerre civile en Vendée et dans les grandes villes de province, son économie ruinée par l'inflation et Paris au bord de la famine, la France révolutionnaire ne subsiste que grâce à une poignée d'hommes réunis dans le Comité de salut public. Des survivants qui, après avoir renversé la monarchie, détruit l'Église et bouleversé la société, tentent désespérément de sauver la République et leur propre vie. Au cœur de ce chaos, Maximilien de Robespierre est désormais le maître du jeu. Il a conquis le peuple, domestiqué la représentation nationale et éliminé la plupart de ses adversaires, des Girondins, à droite, aux enragés, à gauche. Ceux qui ont sous-estimé son caractère, comme Danton, ceux qui ont cru à son amitié, comme Camille Desmoulins, ont fini sous la guillotine.

Désormais, Robespierre n'a plus d'autres limites que sa propre ambition.

Autour de lui, la peur s'installe. D'autant plus que l'Incorruptible annonce qu'il veut faire de la Révolution le berceau d'une société exemplaire d'où tous les vices seraient définitivement bannis.

À Paris, la paranoïa se déchaîne.

Qui seront les prochaines victimes de l'épuration qui se prépare ?

Des députés corrompus de la Convention ?

Des modérés du Comité ?

Ou bien le trio de la peur – Barras, Tallien et Fouché – qui, envoyé en province, revient à Paris les mains couvertes de sang ?

Fanatique pour certains, prophétique pour d'autres, mais énigmatique pour tous, « Maximilien Ier », comme le surnomment ses adversaires, devient désormais l'homme à abattre.

# 10 THERMIDOR
## (28 juillet)

« La mort est le commencement de l'immortalité. »

ROBESPIERRE

Les trois charrettes s'arrêtèrent à l'entrée de la rue des Rochers. Il y avait longtemps que le pavé brûlant avait cédé la place à deux longues ornières creusées dans le sol jauni. Tout n'était que poussière et chaleur. Le conducteur sauta à terre et sortit d'un sac une poignée de son qu'il enfourna dans la bouche avide des chevaux. Faisant le tour du convoi, il décrocha un seau pour en déverser l'eau tiède sur leur encolure. Tout autour de lui, les champs rêches étaient brûlés par le soleil accablant de juillet. La plaine s'étendait, livide, jusqu'aux portes de Paris. Il n'aimait pas cet endroit, trop isolé, trop silencieux; mais les chevaux devaient absolument faire une pause avant la montée. Il jeta un œil inquiet sur les charrettes. Les autorités avaient exigé qu'elles fussent recouvertes d'une toile comme pour les tombereaux des maraîchers. Une à une, il vérifia les attaches qui retenaient le tissu volontairement crasseux. Rien n'avait bougé. Il pouvait repartir.

Le moulin, sur sa gauche, avait été pillé dès les premiers jours de la Révolution : de sa porte disloquée jaillissait un épais buisson de ronces. C'était son repère. À partir de là, il fermait les yeux et comptait les pas des chevaux. Cela faisait plus d'un an qu'il conduisait la charrette des morts. D'abord au cimetière de la Madeleine, puis maintenant aux Errancis, au-delà de la barrière de Paris. « Soixante-six… soixante-sept… » C'est lui qui avait conduit les corps de Danton et de ses compagnons de guillotine. Même amputé de sa tête, le « Taureau », comme l'appelait le peuple, pesait un âne mort. Il avait eu du mal à le hisser dans la charrette. Pour la peine, on l'avait payé double. « Quatre-vingt-dix… quatre-vingt-onze… » Mais la meilleure journée avait été celle du 17 juin. Il avait fallu sept charrettes. Cinquante-sept corps d'un coup. Une belle fournée ! « Cent dix-huit… Cent dix-neuf… cent vingt. » À ce moment précis du trajet, il savait exactement ce qu'il allait voir. À droite, un tas de pierres étincelait sous le soleil, à gauche, un mur d'enceinte, puis une porte à deux battants qui coulisseraient sans bruit – les autorités avaient recommandé que l'on huile régulièrement les gonds – et enfin cette inscription gravée sur le linteau qui l'avait tant étonné la première fois : « Dormir, enfin. »

— Alors, combien tu nous en amènes, aujourd'hui ?

Le conducteur papillonna des paupières avant de répondre. La lumière était lancinante.

— Vingt-deux.

Incrédule, le gardien s'approcha. Il était torse nu, le visage et le corps enduits de suie. « Pour éviter les miasmes », avait-il expliqué un jour.

— Et tu as tout rentré dans trois charrettes ?

— Il a bien fallu.

— Vingt-deux ! Déjà qu'on sait plus où les mettre…

Le conducteur haussa les épaules. Il était pressé de rentrer pour dételer ses chevaux. Le lendemain serait une rude journée : trois charrettes ne suffiraient pas.

— Je me range où ?

— Au plus près du mur.

La fosse venait d'être creusée. Un rectangle parfait dont les fossoyeurs dégageaient les bords, déversant des monticules de terre sombre dans des brouettes de bois. Le lendemain, les maraîchers viendraient la récupérer pour la déverser dans leurs champs. Une terre noire et légère. On la disait souveraine pour la culture des choux. Dans un angle qui venait d'être déblayé, un homme vêtu de gris, un chapeau enfoncé jusqu'aux yeux pour se protéger du soleil, venait de poser un genou à terre. Il déplia une corde à nœuds dont il fit chuter l'extrémité lestée de plomb au fond de la fosse.

— Profondeur : huit mètres.

L'homme se releva pour arpenter à pas réguliers le côté le plus long du rectangle.

— Longueur : dix mètres.

Les fossoyeurs s'étaient écartés. Certains avaient ôté leur chapeau de paille, s'épongeant le front, attendant de pouvoir reprendre leur tâche. Mais il fallait d'abord que le commissaire termine ses mesures.

— Largeur : six mètres cinquante.

Il fit un geste pour que les hommes de peine se remettent au travail et s'approcha des charrettes.

— Vingt-deux, tu dis?

Au-dessus de ses yeux fiévreux, une ride se formait, qui devait en annoncer d'autres dissimulées sous le chapeau.

— S'il nous en arrive autant tous les jours, on ne tiendra même pas la semaine…

Il leva ses yeux irrités par la lumière vers son interlocuteur.

— Tu as la liste?

Le conducteur s'empressa de sortir de sa poche un papier soigneusement plié qui portait le sceau du Tribunal révolutionnaire et la signature des deux hommes forts du nouveau pouvoir : les députés Barras et Tallien.

— C'est bon. Tu peux enlever la bâche.

Tout autour du trou, les fossoyeurs s'étaient mis en rang. Les pelles et autres bêches étaient posées à l'ombre contre le mur. Maintenant, leur journée allait vraiment commencer.

— Nous avons vingt-deux décapités. Tous des hommes. Vous connaissez la procédure. Un premier tas comprendra les chemises et les culottes. Un deuxième, les chaussures, bottes… Un troisième, les vêtements trop souillés de sang pour être vendus immédiatement.

Les hommes hochèrent la tête. Ils avaient l'habitude. Comme ils savaient que les bagues ou boucles d'oreilles que les condamnés n'avaient pas eu le temps de retirer leur revenaient tacitement. Chacun dissimulait dans sa poche une pince pour trancher un doigt ou un lobe que la mort avait trop vite raidi.

— Une fois dénudé, chaque cadavre est jeté dans la fosse, poitrine contre terre. Les têtes servent à boucher les intervalles entre les corps. Une fois tous les morts au fond, vous les noyez dans de la chaux vive.

Près de la première charrette, d'où s'échappait déjà une odeur fétide, le conducteur s'appuya contre le mur d'enceinte. Une fois, une seule, il avait assisté à ce moment sordide où les fossoyeurs jettent des pelletées de chaux sur les corps. En un instant, la peau se met à bouillir, les sourcils fondent, les yeux se liquéfient dans les orbites. Et puis ce grésillement incessant des corps brûlés à vif… Un spectacle digne des Enfers.

— Sortez le premier corps.

Un cadavre roula à terre. Le commissaire lut son nom inscrit sur un carré de papier épinglé au revers de sa chemise.

— Couthon, Georges. Une culotte couleur amarante. Une chemise à grand jabot. Plus de chaussures. Les aides du bourreau ont dû se servir. Foutez-le dans le trou.

Une tête rebondit sur le sol. Un œil pendait sur la joue tachée de sang. Un des fossoyeurs s'exclama :

— Je le reconnais, c'est Hanriot, le commandant de la garde nationale. Je l'ai vu, une fois, caracolant à cheval. Il fait moins le malin, maintenant.

Le commissaire désigna un endroit à l'ombre :

— Montez les têtes en pyramide, les unes sur les autres. On s'en occupera plus tard. Au suivant.

Tiré de la charrette, un corps aux jambes arquées rebondit avant de s'immobiliser dans la poussière.

— Chemise à boutons de nacre. Une culotte en peau de chamois. Bottes à revers. En voilà un qui a commencé sa journée à cheval. C'est quoi son nom ?

— Saint-Just, lut un des fossoyeurs.

— Récupérez les bottes. Je les garde pour moi.

Un des aides s'approcha, tenant une tête par les cheveux.

— Je crois que c'est la sienne. On pourrait peut-être…

Malgré les éclats de sang, le visage avait conservé sa beauté frappante : nez fin et droit, cheveux bruns en cascade, les lèvres effilées à peine pâlies par la mort.

— Si tu y tiens, mais cale-la bien. Qu'elle n'aille pas rouler ailleurs. C'est une tombe, pas un billard.

Un nouveau cadavre s'abattit au sol. Le commissaire se rapprocha, la liste à la main. À chaque nouveau décapité, il ajoutait une croix. Encore dix-neuf et il pourrait rentrer chez lui.

— Chemise blanche rayée rouge. Culotte de nankin. Les deux trempées de sang. Dans le tas pour les blanchisseuses.

Un des fossoyeurs fit rouler le corps sur le côté et arracha la chemise en tirant sur le col. Une poitrine d'un blanc gélatineux apparut, séparée en deux par un long filet de sang séché.

— Qu'est-ce qu'on fait de sa culotte ?

— Tu la récupères. Comme les chaussures.

Le corps était nu. Un des aides le saisit aux chevilles et le traîna vers la fosse. À chaque cahot, le tronc sans tête rebondissait comme une balançoire. Le commissaire interpella le conducteur qui dénouait la toile de la deuxième charrette.

— Celui qu'on emporte n'a pas de nom, tu sais pourquoi ?

— Le papier a dû tomber.

Le commissaire haussa les épaules et griffa une croix au hasard sur la liste. Le cadavre avait été déposé au bord de la fosse. Huit mètres plus bas, la terre noire l'attendait. Le fossoyeur saisit les mains, les tordit comme du linge mouillé et balança le cadavre dans le trou. Sur le bord, un aide montait un tas de chaux vive. Avec cette chaleur, il ne fallait pas trop tarder. Le commissaire s'approcha.

— Il est tombé du mauvais côté ! Le corps doit être…

Il allait dire « visage contre terre », mais il se reprit à temps.

— … torse contre terre. Aucune impudeur ne doit être tolérée !

Il se tourna vers les fossoyeurs. Les visages se fermèrent. Personne n'avait envie de descendre en plein soleil.

— Enfin, vous ne pouvez pas le laisser comme ça… jambes ouvertes !

— Si ce n'est que ça…

Un homme saisit une pelle, la plongea dans le tas de chaux et commença de viser. Autour de lui, les paris éclatèrent :

— Dix sous qu'il la met à côté !

— Vingt qu'il tombe pile !

La pelletée tomba juste.

Une violente odeur monta de la fosse suivie d'un grésillement de charbon ardent.

Ainsi finit Robespierre.

# 8 THERMIDOR
(26 juillet)

## Samedi matin

*Paris*
*Section des Piques*
*366, rue Saint-Honoré*

Maurice Duplay sortit dans la rue et ferma les yeux. C'était son plaisir du matin. Derrière lui, dans la cour où s'affairaient déjà les ouvriers, il entendait le bruit de la scie que l'on aiguise, les premiers gémissements du rabot et surtout l'odeur fraîche des copeaux de chêne qui lui rappelait son Auvergne natale. Il se rappelait encore quand il était arrivé à Paris, ses pieds en sang dans ses sabots… Ah ! il en avait fait du chemin depuis. Désormais, il était un patron respecté et un père de famille heureux. Il tendit l'oreille. D'une des fenêtres montait une romance, chantée à deux tons. Il reconnut la voix plus grave de sa fille aînée, Éléonore, mêlée à celle de sa sœur, Babeth, qui accentuait toujours les aigus. Il allait rentrer dans la cour pour leur demander de respecter le sommeil de leur hôte quand une voix l'interpella.

— Citoyen ?

Devant lui se tenaient deux hommes qui portaient la tenue des représentants en mission. Un large ruban tricolore barrait leur poitrine, tandis qu'une plume blanche panachée de bleu et de rouge se dressait sur leur chapeau. Ils ressemblaient à des dindons de basse-cour.

— Citoyen, nous venons voir l'Incorruptible.

Sans répondre, Duplay recula d'un pas et fit un signe vers la cour. Aussitôt deux apprentis se précipitèrent. L'un d'eux tenait une varlope luisante dans ses mains, l'autre un maillet à lourde tête de métal.

— Quel est cet accueil, citoyen? Nous sommes des députés de la Convention, des représentants en mission!

— Quel est ton nom?

— Tallien.

Duplay hocha la tête. Il avait entendu ce nom au club des Jacobins. C'était le député que le Comité de salut public avait envoyé à Bordeaux. La ville avait eu le tort de se rebeller contre la Révolution. Il l'avait remise au pas.

— Et toi?

— Barras.

Le menuisier le connaissait aussi de réputation. C'était lui qui avait maté Toulon en révolte. On disait qu'il avait eu la main lourde. Duplay s'écarta pour les laisser passer.

— Vous comprendrez que nous soyons méfiants. Il y a peu, une jeune femme s'est introduite ici. Elle avait des couteaux dans son panier. Une fanatique qui voulait assassiner Robespierre.

— Où est-il?

Duplay montra la fenêtre juste au-dessus de l'atelier où résonnait le travail des ouvriers.

— Prenez l'escalier à gauche et frappez à la porte du premier étage. Ma fille vous ouvrira, mais il vous faudra attendre, « il » n'est pas encore levé.

Cela faisait une heure qu'ils étaient assis sur deux chaises en paille. Devant eux se tenait Éléonore en robe bleue, le corsage dissimulé sous un châle gris. Tout en feignant d'examiner le décor des lieux, Barras étudiait discrètement son apparence. Elle portait un ruban qui scindait ses longs cheveux en deux flots châtains. L'un descendait sur ses épaules, l'autre, torsadé, coulait le long de son dos. Visiblement, elle n'avait pas fini de se coiffer. Un soupçon de fard éclairait ses lèvres dont l'éclat faisait écho à celui de ses pommettes discrètement rougies. Elle aurait pu jouer une ingénue au théâtre, n'étaient de larges boucles d'oreilles qui, sous leur poids d'or, faisaient ployer les lobes de ses oreilles. Barras s'étonna de ce luxe pour une fille d'artisan. Qui avait bien pu les lui offrir ? Dans les couloirs de la Convention, les rumeurs bruissaient sur une éventuelle liaison entre la belle Éléonore et l'Incorruptible. Beaucoup de députés la tenaient pour certaine. Sinon, comment expliquer que le maître de la France vive dans une modeste chambre louée chez un simple menuisier ?

— Elle a vraiment de beaux yeux, souffla Barras admiratif à son voisin.

Tallien qui, inquiet, fixait le plancher haussa les épaules. Barras prenait toujours tout à la légère. Même la mort.

— Tu sais qu'on joue nos têtes ? Si on ne parvient pas à convaincre Robespierre que chacun de nous a mené à bien sa mission, on finira sur l'échafaud.

Barras ne répondit pas tout de suite. Il observait les chevilles d'Éléonore que dessinait la fine résille d'un bas de coton. Passer pour une tête creuse lui avait permis de la conserver sur les épaules. Du moins jusque-là.

— Lequel de nous deux joue le plus avec la vie ? Moi, que l'on accuse de corruption, ou toi, de collaboration ?

Il est vrai que coucher avec une aristocrate, cela fait de toi un suspect de choix.

Tallien se mordit les lèvres qu'il avait trop charnues. Comme son nez qui était trop long, ses yeux trop plissés sur les côtés. Quand il se regardait dans une glace, il n'en revenait toujours pas d'avoir pu séduire une femme aussi belle que Thérésa Cabarrus.

— Thérésa n'est pas une aristocrate !

— Une fille de banquier. C'est pareil, pour Robespierre.

Un bruit de robe froissée leur fit lever un regard furtif. Éléonore venait de se lever pour passer dans la pièce d'à côté. Tallien saisit le bras de son voisin.

— Et toi, si on parlait de cette charrette remplie d'or et d'argent – le fruit du pillage de Toulon – qui s'est malencontreusement renversée dans un ravin ? Il paraît que tu es le seul témoin…

— Des calomnies propagées par les ennemis de la République, s'insurgea Barras. Je m'en suis expliqué devant la Convention, devant le Comité de salut public…

— … sauf que là, c'est face à l'Incorruptible que tu vas devoir te justifier. On dit qu'il va parler à la Convention, aujourd'hui ? Il n'y a pas un député qui ne sente déjà passer le couperet sur sa nuque !

La porte du fond se rouvrit. Éléonore reparut. Elle baissa le regard avant de parler.

— « Il » va vous recevoir.

La chambre n'était éclairée que par une seule fenêtre qui donnait sur la cour. Une pièce étroite tout en longueur. Le lit était défait et une odeur de nuit flottait encore dans la pièce. Robespierre se tenait de dos, en chemise et peignoir, assis face à une cuvette où l'eau se troublait d'une teinte de craie.

— Salut et respect, citoyen. Nous venons te voir pour rendre compte de nos missions respectives à Toulon et Bordeaux.

C'est Barras, dont la voix portait le plus, qui avait pris la parole. Robespierre ne répondit pas. Il tenait à la main un couteau de toilette dont il fit courir la lame de la pommette au menton. Sur le tranchant, le résidu de poudre blanche virait au gris. Il tapota le couteau sur le rebord de la cuvette, puis le plongea dans l'eau avant de l'essuyer avec une serviette.

— Comme tu le sais, reprit Tallien, c'est la Convention qui nous a envoyés en province pour reconquérir les villes en révolte, gangrenées par les traîtres et pourries par les profiteurs.

De tous les députés, Robespierre était celui qui prenait le plus soin de son apparence. Ses gilets à rayures, ses cravates démesurément bouffantes étaient aussi célèbres que ses lunettes vert émeraude. Alors que beaucoup de ses collègues affectaient une tenue négligée pour « faire peuple », l'Incorruptible, lui, se payait le luxe méprisant d'être habillé comme un aristocrate. Ainsi, tous les matins, un coiffeur venait-il sertir ses cheveux d'un blanc nuage de poudre. Mais quelques grains échappés piquetaient toujours un peu le visage de Maximilien. Une salissure qu'il ne supportait pas et ôtait méticuleusement.

— Nous avons accompli notre mission, en châtiant les ennemis de la Révolution par le fer et le feu. Aujourd'hui, Bordeaux comme Toulon sont purifiés. Les aristocrates ont été guillotinés, les bourgeois éliminés, les prêtres déportés.

Robespierre avait reposé son couteau dont la lame brillait sous la lumière du matin. Il plongea les mains dans la cuvette et se lava lentement le visage. Son regard était vert et fixe.

— Nous avons fait notre devoir au péril de notre vie, et pourtant nous faisons l'objet des accusations les plus iniques, des calomnies les plus monstrueuses…

Comme la voix de Barras, emporté par son désir de convaincre, enflait, Tallien fixait Robespierre. C'était lui qui avait rédigé l'ordre d'arrestation de Thérésa pour la prison de la Force où elle croupissait dans la fange et la peur depuis près de deux mois. Il regardait ces mains, pâles et nerveuses, en train de s'essuyer. Ces mains dont la signature valait arrêt de mort.

— … mais nous sommes sûrs que ceux qui nous connaissent, comme toi, nous rendront justice.

Robespierre gardait le silence, fixant le miroir accroché à l'espagnolette de la fenêtre. Ses collègues, quand ils étaient seuls, l'appelaient le « chat-tigre ». Il avait du chat l'immobilité frémissante à l'approche de sa proie, du tigre l'impassible cruauté au moment de la mise à mort.

— Un mot de toi, un seul, et…

Barras s'arrêta net, épuisé par l'angoisse débordante de parler sans espoir. Robespierre se leva, saisit ses lunettes et en un instant son regard disparut.

Tallien, fasciné, se dit qu'il contemplait un bloc d'abîme. La porte s'ouvrit. Comme si elle avait été mystérieusement prévenue, Éléonore apparut et leur fit signe de l'accompagner. Stupéfait, Barras esquissa une révérence devant Maximilien tandis que Tallien balbutiait une formule de politesse. En un instant, ils se retrouvèrent dans la cour. Duplay vint les examiner comme s'il s'étonnait de les voir encore en vie. Dehors, la lumière les éblouit. Le fracas de la rue leur rendit plus intense le silence de l'imprécateur.

— Si nous n'agissons pas, nous sommes morts, dit Tallien.

*Paris*
*Section de la Maison commune*
*Prison de la Petite Force*

Comme il s'engageait dans la rue Pavée, Fouquier-Tinville remonta le col de sa veste. Malgré la chaleur des derniers jours de juillet, une fraîcheur inhabituelle stagnait dans la rue. Une sensation de froid humide qui tombait d'une muraille dont les hautes fenêtres étaient toutes fermées de lourds panneaux de bois. À quelques mètres de l'entrée, un groupe de sans-culottes contrôlait les identités. Fouquier-Tinville n'eut pas besoin de sortir sa carte de section. Des deux côtés de la Seine, tout le monde connaissait son visage. Graveurs, imprimeurs, colporteurs, tous s'en donnaient à cœur joie, diffusant partout le portrait du « vampire de Paris ». Un nez de rapace où venaient fondre deux sourcils d'ébène, des pommettes osseuses qui semblaient vouloir crever les joues, un menton en forme de moignon… Le visage de l'accusateur public du Tribunal révolutionnaire terrifiait autant qu'il fascinait. Les gardes s'écartèrent avec respect. L'un d'eux, effrayé, fit un signe de croix tandis que s'ouvraient les portes de la prison. Fouquier pénétra dans la cour et tourna à gauche vers le guichet. Arrêtés pendant la nuit, des hommes et des femmes aux traits ravinés par la peur faisaient la queue avant d'être écroués. L'accusateur les compta avec soin. Dans quelques heures, ils passeraient devant son tribunal et il ne voulait en perdre aucun.

— Citoyen Fouquier-Tinville, il vous manque des prisonniers ? interrogea, anxieux, le guichetier.

— Non, la dernière fournée était au complet. Dix-sept au départ de la Force, dix-sept au Tribunal et dix-sept à l'échafaud.

— J'en suis bien aise ! Quelque chose pour votre service ?

— Je viens interroger une détenue.

Le guichetier se précipita vers ses registres. Les femmes étaient détenues à la Petite Force, un bâtiment qui leur était réservé. Conçue à l'origine comme une prison modèle, digne du siècle des Lumières, la Petite Force était devenue une antichambre de la mort où s'entassaient les promises à l'échafaud.

— Son nom, citoyen accusateur ?

— Thérésa Cabarrus.

La fenêtre était murée, mais une pierre du remblai n'adhérait pas totalement au linteau : chaque matin, un fil de lumière tombait sur le sol de la cellule, coupant en deux le plancher jusqu'au mur d'en face. Pour Thérésa, c'était le seul moyen d'estimer l'heure du jour. Les cloches ne sonnaient plus depuis longtemps, et dans l'exiguïté de la cellule la nuit était devenue perpétuelle. Thérésa se mit à genoux et suivit le rai de lumière jusqu'au mur. De la main, elle tâta la surface râpeuse et finit par trouver ses marques. À l'aide de ses ongles, elle avait fait des incisions dans le crépi : une par jour. Des signes qui lui avaient déchiré les doigts, mais lui prouvaient qu'elle faisait encore partie du monde des vivants. Chaque matin, elle les comptait : « cinquante-deux, cinquante-trois, cinquante-quatre » jours qu'elle était détenue dans ce mouroir. Elle se releva et longea le mur jusqu'à la porte. Ses pieds étaient humides à force de marcher dans de la paille souillée. Heureusement, elle ne sentait plus sa propre odeur. Elle releva ses cheveux et colla son oreille contre le bois de la porte. Le couloir était silencieux. On avait dû la placer dans l'endroit le plus isolé de la prison, car elle n'entendait du bruit que deux fois par jour, quand un gardien lui glissait une écuelle. À force de râper le crépi pour marquer ses jours de détention, la peau de ses doigts était à vif et elle ne pouvait saisir le bol de soupe qui était sa seule nourriture. Elle avait pris l'habitude de manger à genoux en lapant le contenu de son écuelle. Dans cette position humiliante, un vertige la prenait de voir où elle était tombée. Un bruit de pas résonna dans le couloir. Effrayée, elle s'écarta de la porte. La serrure claqua. Un flot de lumière sale envahit la cellule.

— L'accusateur public veut te voir.

L'ancienne chapelle servait de salle d'interrogatoire. On l'avait dépouillée de tous ses ornements religieux, à l'exception d'un crucifix d'ivoire retourné tête en bas. C'est juste en dessous que venait de s'asseoir Fouquier-Tinville, qui desserrait son nœud de cravate pour échapper à la chaleur. Un coup frappé à la porte l'avertit que le guichetier venait d'amener Thérésa. L'accusateur public ne l'avait jamais vue, mais l'étude attentive de son dossier la lui avait rendue familière. Il l'avait suivie à la trace depuis sa jeunesse dorée en Espagne, son mariage mondain à Paris, sa fréquentation de la haute noblesse, puis, sous la pression de la Révolution, son exil à Bordeaux, où elle avait rencontré Tallien. Il savait qu'elle était la fille d'un riche banquier espagnol, qu'elle avait profité des nouvelles lois de la République pour divorcer, qu'elle avait entretenu plusieurs liaisons souvent simultanées et que Robespierre jouait avec sa vie comme le chat avec la souris.

Celle qui entra dans l'ancienne chapelle n'avait plus rien à voir avec la femme qui avait fait tourner tant de têtes aristocratiques que le bourreau avait depuis fait tomber. D'un vague sac de toile grise émergeaient deux bras et deux jambes souillés de déjections. L'odeur était si forte que l'accusateur public nota de la faire laver si elle devait passer devant le Tribunal révolutionnaire. Étrangement, les pieds nus semblaient avoir échappé à cette macération dans l'ordure. Peut-être les lavait-elle avec le peu d'eau qu'on lui donnait pour boire ? Ce n'était pas le cas du visage : il ne restait plus rien de son merveilleux teint blanc, ni de ses yeux de velours qui ensorcelaient jusqu'aux femmes, pas plus que de ses longs cheveux de jais, transformés en lianes fangeuses.

Devant cette beauté déchue, Fouquier-Tinville ne manifesta aucune émotion. Il se contenta de la fixer et de l'interroger d'une voix sans affect :

— Thérésa Cabarrus, née le 31 juillet 1773 à Madrid, mariée, puis divorcée de Jean-Jacques Devin de Fontenay, recherché pour avoir émigré. Vous avez résidé ces six derniers mois d'abord à Bordeaux, puis à Paris, enfin à Versailles, où vous avez été arrêtée le 30 mai 1794 et conduite à la Force dès le lendemain pour y être incarcérée, c'est bien ça ?

— Une prison où je suis détenue depuis près de deux mois sans qu'une seule fois on m'ait notifié les crimes dont on m'accuse.

Au mot « crimes », la lèvre inférieure de Fouquier se retroussa, comme pour mordre.

— Seul le Tribunal révolutionnaire a le droit de dire ce qui est crime ou pas et, dans votre cas, je ne doute pas qu'il en découvre plusieurs. Fille d'un banquier contre-révolutionnaire…

— Mais il est espagnol !

— …épouse d'un aristocrate émigré…

— J'ai divorcé !

— … maîtresse notoire d'un représentant en mission corrompu.

Thérésa se tut, fronçant ses sourcils noircis de crasse.

— Vous niez votre liaison ? s'insurgea l'accusateur. Nous avons des témoignages par dizaines. De purs patriotes, de vrais sans-culottes…

— J'ignorais que j'avais des espions jusque sous mon lit.

— La République a des yeux partout.

L'intensité de l'échange stimulait l'ardeur de Fouquier-Tinville. Il était las de son tribunal où les accusés, sidérés par les accusations portées contre eux, accablés par la violence des réquisitoires, brisés par les hurlements du public qui réclamait leur mise à mort, se laissaient conduire à l'échafaud comme des moutons soumis. Thérésa, même après deux mois de cellule, avait encore du répondant. Fouquier comprenait mieux pourquoi Tallien s'en était épris. Restait à savoir s'il en était de même pour Thérésa.

— Citoyenne Cabarrus, le tribunal que je préside dispose d'assez de charges pour vous condamner, reprit l'accusateur.

— Je me défendrai.

— Sans doute ignorez-vous la dernière loi judiciaire votée par la Convention ? Dans un souci d'égalité et pour ne faire aucune différence entre accusés riches et pauvres, les avocats ont été supprimés.

— Dans un souci d'égalité ? s'étrangla Thérésa.

— De la même manière, il n'y a plus d'interrogatoire avant le verdict.

— Mais comment l'accusé peut-il se défendre si on ne l'entend pas ?

— De même, il n'y a plus d'audition de témoins. Quant au verdict, il n'y en a plus que deux : l'acquittement ou la mort. Vous devinez facilement quel sera le vôtre.

Instinctivement, Thérésa porta la main à son cou. Face à elle, le Christ au visage renversé la fixait d'un regard vide.

— Si c'est la mort qui m'attend, pourquoi ne suis-je pas déjà devant le Tribunal ? Pourquoi vous êtes-vous déplacé ?

— Pour vous sauver la vie.

Fouquier déboutonna sa veste pour en sortir un rouleau de feuilles qu'il déplia avec soin.

— Voici votre déclaration.

Thérésa tendit la main pour la lire. L'accusateur la saisit au vol.

— Vous avez juste à signer.

— Et je reconnais quoi ?

L'accusateur appela le guichetier qui se tenait derrière la porte.

— Qu'on apporte un encrier et une plume. Vite ! Vous reconnaissez que le représentant en mission Tallien s'est rendu coupable de pillage, de corruption, d'arrestations arbitraires, de meurtres…

— De meurtres ?

— Tallien a envoyé plus de cent accusés à la guillotine. Dans le tas, il doit bien y avoir des innocents.

— Et j'obtiens quoi à signer cette infamie ?

— Vous recouvrerez votre liberté dès que votre amant perdra la sienne.

Le visage en sueur d'avoir couru, à moins que ce ne soit dû à la peur, le guichetier posa plume et encrier sur la table. Du tranchant de la main, l'accusateur public les poussa vers la prisonnière.

— Signez et vous sortez d'ici.

Un éclat de rire lui répondit. Malgré la crasse qui lui cernait les yeux, le regard de Thérésa retrouva subitement l'éclat du plaisir. Celui d'être maître de son destin. Depuis qu'elle était emprisonnée, elle n'avait fait que subir. Désormais, elle préférait la mort à l'obéissance.

— Je ne signerai jamais.

Fouquier n'avait pas attendu la réponse. Il avait déjà plié les papiers et les glissait dans sa veste.

— Et apprenez quelque chose à votre maître. Les femmes qui aiment ne trahissent jamais.

L'accusateur public laissa passer un sourire sur ses lèvres.

— Vous parlez trop vite.

Il montra du doigt les pieds de Thérésa étonnamment propres.

— Je vois que, malgré la fange de votre cellule, vous en prenez grand soin.

— Au moins quand je dois baisser le regard, je vois autre chose que les immondices et la vermine dans lesquels vous m'obligez à vivre.

Fouquier appela le guichetier et lui glissa des instructions à l'oreille. Puis il l'interrogea :

— Les cellules au niveau de la Seine sont toujours disponibles ?

— Oui, citoyen.

— Alors, descends-la.

Tout en renouant sa cravate, il fixa de nouveau les pieds, délicats et menus, de Thérésa.

— Les rats vont adorer tes orteils.

*Section des Piques*
*366, rue Saint-Honoré*

La chambre qu'occupait Robespierre chez les Duplay était précédée d'une pièce qu'utilisait parfois le neveu du menuisier. À cet effet, il y avait un lit de sangle et une armoire dans laquelle Éléonore rangeait les vêtements de l'Incorruptible. L'ordre en était toujours le même. Partant de la gauche, les vestes dont Maximilien aimait les couleurs vives, puis les gilets, toujours à rayures, enfin les chemises autour desquelles s'enroulaient des cravates impeccablement blanchies. Plus bas, dans trois tiroirs superposés, se trouvaient alignées les culottes qui s'arrêtaient aux genoux, les paires de bas de coton et les chaussures à boucle d'acier. Avant de choisir les vêtements que porterait l'Incorruptible, Éléonore se pencha à la fenêtre. Comme tous les matins où Robespierre allait sortir, ses « amis » l'attendaient sous le porche pour prévenir tout risque d'agression. Des sans-culottes farouches qui, gourdin à la main et pistolet à la ceinture, formaient la garde prétorienne de l'homme le plus puissant de France. Rassurée, la fille aînée des Duplay ferma sa fenêtre et ouvrit l'armoire. Sa mission allait commencer.

Tout d'abord, il fallait choisir la veste. Comme Robespierre ne parlerait en public qu'après midi, il n'y avait pas besoin d'une couleur qui attirât l'attention. Maximilien, dont la voix n'avait ni la puissance ni la chaleur de celle de Danton – « un filet d'eau tiède », ricanaient ses adversaires –, avait vite saisi qu'une apparence flamboyante intriguait et fixait l'écoute. N'avait-il pas fait son dernier grand discours, celui où il avait imposé la foi en l'Être suprême, vêtu d'une veste bleu électrique qui avait aimanté tous les regards ? Après quelques hésitations, Éléonore se décida pour une veste grise qu'elle lissa de la main. Il ne fallait surtout pas que des poils de Brount, le chien danois de Robespierre, restent accrochés au tissu. Pour la chemise, elle la choisit discrètement rayée. Elle fit de même pour la cravate, sobre et surtout facile à dénouer à cause de la chaleur. Elle posa chaque vêtement un à un sur le lit, puis recula pour en juger l'effet. Un sourire s'épanouit sur son visage aux yeux doux. Maximilien serait parfait, comme d'habitude.

À pas discrets, elle s'approcha de la porte et tendit l'oreille. Aucun bruit dans la chambre. L'Incorruptible devait être en train d'écrire. C'était le moment. D'une main leste, elle sortit de son corsage un fin mouchoir de batiste, parfumé à la fleur d'oranger, qu'elle glissa dans la veste.

Maintenant, Robespierre pouvait sortir.

La rue Saint-Honoré avait vu sa physionomie bouleversée par la Révolution : au carrosse qui avait amené la jeune Marie-Antoinette à son mariage avait succédé la charrette conduisant la reine de France à l'échafaud. Située entre la Conciergerie, où officiait le tribunal de Fouquier-Tinville, et la place de la Révolution, où se dressait la guillotine, la rue Saint-Honoré était devenue le lieu de passage obligé des convois des condamnés. Après avoir passé la Seine et longé le Palais-Royal, les charrettes s'engageaient dans la rue Saint-Honoré et le spectacle pouvait débuter. Aussitôt on sortait des maisons et on s'agglutinait autour du convoi qui ne marchait plus qu'au pas. Les gendarmes à cheval laissaient faire. On s'approchait des prisonniers et les lazzis commençaient. Quolibets, menaces, insultes fusaient. Les prêtres et les aristocrates étaient particulièrement malmenés, mais moins que les révolutionnaires condamnés par leurs pairs. Chutant de la roue de la Fortune, les héros d'hier devenaient les damnés du jour. Seul Danton avait été épargné. Sa stature et son courage en imposaient à tous. On se répétait partout sa dernière phrase au bourreau : « Tu montreras ma tête au peuple, elle en vaut la peine. » Dans la rue, qui prenait des allures de foire, femmes et enfants lançaient des danses improvisées autour des condamnés.

On avait même vu des saltimbanques précéder le cortège, sautant et virevoltant comme pour un jour de fête. À la place des échoppes de savetiers ou de tailleurs s'étaient ouverts des cafés où, autour d'un pichet de vin, on commentait l'attitude des condamnés. La plupart, déjà anéantis, ne réagissaient plus, mais certains trouvaient encore la force d'insulter ou de supplier. Ils étaient unanimement méprisés. Le cas des femmes – on n'en avait jamais autant exécuté – était particulièrement discuté. On débattait encore de Charlotte Corday, la meurtrière de Marat, dont la tête, giflée par un des aides-bourreaux, avait rougi sous les coups. Ce geste sacrilège avait écœuré toute la rue. Pourtant, lors des exécutions de personnalités, les propriétaires d'appartements qui donnaient sur le passage des convois de la mort n'hésitaient pas à louer leurs fenêtres. Pour l'exécution de Danton, la demande avait été si forte que l'on dut procéder à des enchères. À chaque convoi pour l'au-delà, la rue perdait la tête. À tel point que les autorités avaient décidé de transférer la guillotine à la sortie de Paris, de peur que la rue Saint-Honoré ne se transformât en bacchanale.

Dans la cour, Brount se mit à aboyer. Il avait reconnu le pas rapide de son maître dans l'escalier. Pour se protéger du soleil, Maximilien sortit ses lunettes vertes tandis qu'Éléonore lui glissait une orange dans la main. Après avoir salué le père Duplay, il passa sous le porche où l'attendaient ses protecteurs. Ce matin, c'était Hanriot qui organisait son déplacement. Son menton retroussé, ses lèvres proéminentes le faisaient surnommer « le Babouin ». Commandant de la garde nationale, il était entièrement dévoué à Robespierre et n'hésitait pas à se défaire de son uniforme de général pour se charger personnellement de la sécurité de l'Incorruptible.

Déjà dans la rue, quatre sans-culottes examinaient les fenêtres des immeubles voisins, en particulier les bâtiments désaffectés de l'ancien couvent de la Conception. On craignait un coup de fusil. Sous le porche, Maximilien s'impatientait. Il avait toujours été opposé à ces mesures de protection. Non par indifférence ou esprit de témérité, mais parce qu'elles lui conféraient un statut d'exception. Chaque fois qu'il sortait sous escorte, les rumeurs de pouvoir personnel ou de prochaine dictature se déchaînaient et ses adversaires en profitaient.

— Deux tentatives d'assassinat en deux jours, au mois de mai dernier, rappela Hanriot. On ne peut pas prendre de risque.

Robespierre tapa du pied sur le pavé, ce qui raviva les aboiements de Brount. Il fit sauter l'orange dans sa main pour amuser le chien.

— Que dit-on à la Convention ?

— Toute l'Assemblée est sens dessus dessous. Vous n'avez pas parlé depuis…

— … depuis trop longtemps.

Les sans-culottes venaient de rentrer dans la cour. La rue était sûre. Hanriot leur intima de porter leur gourdin bien visible sur l'épaule et, par groupes de deux, de précéder et de suivre l'Incorruptible.

— On peut partir.

Hanriot fit signe à un autre groupe d'avancer. Eux ne devaient pas lâcher Maximilien d'un pas. Si un attentat réussissait, ils en répondraient sur leur tête.

— Où allons-nous, citoyen ?

Le Babouin donnait du citoyen à tout le monde. Robespierre, lui, pensait à son discours. En l'écrivant, il avait eu l'impression de planer comme un oiseau de proie, prêt à fondre sur les corrompus qui souillaient le titre d'élus de la Nation. Pas étonnant que les vendus et les pourris sentent le vent de la fin.

— Citoyen ? redemanda Hanriot.

Robespierre leva tête et sortit le petit carnet qui ne le quittait jamais. Une habitude qui datait de ses années d'avocat quand il marchait en pleine nature pour préparer ses plaidoiries. Ne jamais perdre une idée. Il tourna les pages.

« … Ordre au Comité de surveillance de la commune de Vaugirard d'arrêter dans les vingt-quatre heures Boulanger, demeurant dans cette commune, et de poser les scellés sur ses papiers. »

Une croix dans la marge indiquait que Boulanger avait bien été arrêté.

« … Je suis fait pour combattre le crime, non pour le gouverner. »

L'Incorruptible avait noté cette phrase juste après la visite de Barras et de Tallien. Il l'ajouterait à son discours. Il ferma son carnet et se tourna vers Hanriot.

— Nous allons au Tuileries. Par les quais.

*Section de la Montagne*
*Palais-Égalité*

Après avoir quitté Tallien, Barras avait remonté la rue Saint-Honoré jusqu'à l'entrée du Palais-Royal. En passant, il s'arrêta au café de la Régence où, lorsque la guillotine se trouvait place de la Révolution, se réunissaient tous les croqueurs de portraits de Paris. À cet endroit, les charrettes qui conduisaient les condamnés à la guillotine devaient ralentir, les dessinateurs en profitaient pour saisir sur le vif le profil des condamnés. On se disputait les places pour obtenir le meilleur angle et, une fois le dessin réalisé, on se précipitait chez les imprimeurs afin de le vendre au plus offrant. Depuis que le lieu des exécutions avait été transféré, le café était vide. Barras s'assit à une table et commanda une tasse. Il en profita pour examiner les passants dans la rue. À cette heure encore matinale, il n'y avait que des femmes qui hâtaient le pas pour aller faire la queue devant les boulangeries. Personne de suspect. Tallien prétendait qu'ils étaient suivis depuis leur retour à Paris, que Robespierre avait lâché ses chiens à leurs trousses, qu'ils ne pouvaient plus faire un pas sans être épiés, tracés, suspectés. Depuis l'incarcération de Thérésa, Tallien vivait dans la crainte de sa propre arrestation. Il en parlait sans cesse, se retournait à chaque pas et ne dormait plus chez lui. La création par Robespierre et Saint-Just d'un bureau de police générale, directement sous leurs ordres, avait décuplé sa peur. Il voyait des sbires de l'Incorruptible partout et ne se déplaçait plus sans un poignard sous sa veste. Barras était certain qu'il ne s'en servirait que contre lui-même tant il avait peur de sa propre peur. Plusieurs députés s'étaient d'ailleurs déjà suicidés pour éviter de tomber aux mains de Fouquier-Tinville. Malgré la chaleur, Barras frissonna. Comment en était-on arrivé là ? À ce point impensable où un État, devenu répressif, fait si peur à ses membres qu'ils préfèrent s'éliminer eux-mêmes ? Barras vida sa tasse de café et observa les fenêtres des immeubles voisins. Beaucoup étaient vides, abandonnés par leurs propriétaires partis en exil ou raccourcis sur l'échafaud. Rien de plus facile que d'y installer un lieu discret de surveillance. Agacé par sa propre suspicion, Barras secoua la tête. Il n'avait nulle envie de vivre comme Tallien, en bête traquée. La peur empêchait de réfléchir. S'il avait survécu jusque-là, c'était parce qu'il était capable de laisser le champ libre à ses pensées. Or, depuis sa visite à Robespierre, une image lui faisait de l'œil. Celle d'Éléonore. Il ne cessait de revoir ses boucles d'or qui dansaient à ses oreilles. Ce luxe imprévu excitait en lui l'instinct du chasseur. Il flairait une piste secrète qu'il lui fallait découvrir. Mais cette intuition ne suffisait pas, il avait besoin de preuves. Et il savait peut-être où les trouver.

Tout le long des arcades du Palais-Royal, des jeunes femmes, cocarde tricolore à leur bonnet, circulaient, seules ou en groupes. À la différence des femmes pauvrement vêtues de la rue Saint-Honoré, elles arboraient des robes luxueuses qui tombaient sur des escarpins éclatants. Au passage de Barras, l'une d'elle souleva ses jupons pour exhiber à sa jarretelle des rubans aux trois couleurs. Pour mieux convaincre de leur patriotisme, certaines portaient même des guillotines en pendentif. Depuis des mois, cette mode faisait des ravages. On vendait des machines à tuer miniatures à tous les coins de rue. En bois ou en argent, fonctionnelles ou pas – on en faisait aussi pour les enfants, avec une poupée en paille à exécuter –, elles étaient même portées en boucles d'oreilles par certaines exaltées. Barras hâta le pas. Il n'était pas venu pour ces filles de joie dont la plupart travaillaient pour la police. Les confidences sur l'oreiller envoyaient plus de gens à la mort que les dénonciations anonymes. Il se retourna pour vérifier qu'on ne le suivait pas et tourna au numéro 52. L'entrée ne payait pas de mine. La porte, dégondée, ne fermait plus et l'escalier branlant exhalait une odeur de vieux plâtre. Au premier palier, un cerbère examina Barras avec attention. Il y avait longtemps qu'on ne jugeait plus personne sur son apparence. Oubliés les chaussures à boucle d'argent et les cols rehaussés de fil d'or : tout le monde se devait de manifester une sobriété exemplaire dans ses vêtements. Barras ne l'ignorait pas qui, après s'être débarrassé de ses oripeaux de représentant en mission, portait une simple veste noire et des bottes non cirées. Un coup d'œil pourtant suffit au cerbère. Il savait reconnaître l'homme de goût sous l'uniforme de commande.

— Entrez, citoyen.

Par souci de discrétion, les fenêtres qui donnaient sur le jardin avaient été voilées. Posés sur des colonnes, des chandeliers éclairaient une vaste pièce étonnamment silencieuse. Absorbés dans leur jeu, des hommes au visage pâle gardaient leurs mains posées sur des piles de pièces. Ici pas d'assignats, cette monnaie de papier imposée par la Révolution qui ne valait plus rien, mais de l'or. Barras songea qu'en une seule nuit il se perdait ici de quoi faire manger tout un quartier de Paris. Parfois, il se disait que Robespierre avait raison : jamais une Révolution n'avait enrichi autant de personnes. On spéculait sur tout : les ventes truquées des biens d'Église, le recel des œuvres d'art volées aux aristocrates, les fournitures de denrées périmées aux armées, les rançons levées sur les familles des prisonniers… Voler, piller, corrompre était devenu aussi fréquent que respirer.

— Vous voulez jouer ?

Une femme à l'âge soigneusement dissimulé sous une couche de fard venait de s'approcher. Barras reconnut aussitôt une ancienne aristocrate. Il fixa son cou d'une blancheur de marbre et se demanda en combien de fractions de seconde un couperet pourrait le trancher.

— Nous avons des tables de pharaon, de reversi, de nain jaune…

Barras secoua la tête.

— … ce sont des jeux qui excitent la tension, éprouvent les nerfs. En ces temps troublés, nos clients les recherchent avec frénésie. Ils y trouvent l'énergie nécessaire à leur volonté de survivre.

— Pour survivre, j'ai besoin d'autres moyens. Plus définitifs.

La tenancière le fixa avec attention. Elle savait qu'elle n'avait pas droit à l'erreur. Si la police tolérait son salon de jeu, c'était seulement par intérêt. L'or comme les informations y circulaient. Deux denrées rares dont les révolutionnaires étaient particulièrement avides.

— Êtes-vous déjà venu ?

— Oui, avec des amis de la Convention.

Barras restait volontairement laconique. Qui pouvait savoir pour qui cette femme travaillait véritablement ? Pour des députés qui étaient ses clients ? Pour les espions de Robespierre qui s'infiltraient partout ? Pour le Comité de salut public, tellement friand de complots qu'il finissait par les inventer ? À moins que ce ne soit pour les trois à la fois.

— Mon établissement compte beaucoup de pratiques. Il m'est difficile de me souvenir de tous.

— Même de ceux qui se rendent au « confessionnal » ?

La tenancière ne répondit pas, mais passa sa main sous ses jupons pour en sortir une clé à la dorure incertaine.

— Vous connaissez le montant du droit d'entrée ? On paie d'avance.

Le représentant en mission sortit de sa poche une bourse replète qui disparut aussitôt sous la robe.

— Suivez-moi.

Au fur et à mesure qu'ils le remontaient, le couloir perdait de sa superbe. Le papier peint pâlissait à vue d'œil et, au sol, le marbre avait laissé la place à des lattes de bois. Ils empruntèrent un escalier au vernis écaillé qui montait jusqu'aux chambres de bonnes situées sous la toiture. En passant devant un œil-de-bœuf, Barras jeta un regard sur les jardins à l'abandon du Palais-Royal devenu le paradis furtif des amours tarifées.

— Ici.

La tenancière fit jouer la serrure et ils pénétrèrent dans une chambre au lit défait. Un bas reposait sur le bord d'une chaise. Des épingles à cheveux jonchaient une table face à un miroir où se voyaient encore des traces de doigts.

— Ouvrez l'armoire.

Le représentant en mission s'exécuta. Des robes pendaient le long d'une tringle de bois. Une odeur de vanille sèche montait des corsages.

— Le montant de gauche pivote, frappez trois fois, prévint la femme avant de disparaître.

Barras s'exécuta. Une plaque de bois coulissa, révélant un tissu bordeaux derrière lequel se tenait une ombre de profil.

— Je cherche des informations, annonça le représentant en mission.

— Donnez-moi votre nom ?

Barras hésita. Il avait appris l'existence du « confessionnal » depuis peu. Depuis que des députés, effrayés par Robespierre, tentaient d'en savoir plus sur leur sort. Une rumeur courait que la réponse à bien des questions se trouvait au Palais-Royal. Tremblant, on montait l'escalier du 52, on chuchotait un nom au fond d'une armoire et une voix anonyme vous indiquait si vous faisiez partie des futurs suspects.

— Je ne cherche pas à savoir si je serai vivant ou non demain. Je m'intéresse à une famille. Une famille de la rue Saint-Honoré. Je veux connaître l'origine de leur aisance.

— Nous ne fournissons pas ce genre de renseignements. Adressez-vous à une entremetteuse.

— Le nom de la famille est Duplay.

Derrière le voile, le profil se retourna à plusieurs reprises.

— Veuillez attendre un instant.

Quelqu'un d'autre était dans la pièce. « Si cette officine d'informations dépend de Robespierre, pensa Barras, je serai arrêté avant la fin de la journée. Sinon… »

— Vous pouvez revenir demain.

Barras se leva et traversa la chambre de bonne jusqu'au couloir où l'attendait la tenancière :

— Vous avez eu une réponse à vos questions ?

— Non, un espoir.

*Section révolutionnaire*
*Île de l'Égalité*
*Tribunal révolutionnaire*

Debout contre la barre, l'accusé tentait vainement de comprendre ce qui lui arrivait. Il était parti tôt la veille de la plaine Saint-Denis pour vendre ses légumes sur la place Maubert. Il préférait ce quartier plus calme aux faubourgs Saint-Antoine ou Saint-Marcel où la misère, à tout moment, risquait de devenir violente. On pouvait perdre la vie pour une botte de poireaux. Encore heureux qu'il ne vendait pas de pain ! Dès qu'une boulangerie faisait une fournée, la queue des ventres affamés tournait à l'émeute, quand la tête du boulanger ne finissait pas au bout d'une pique ! Tandis que, dans le Quartier latin, la police était présente à tous les coins de rue. Jean Fournier ne disait rien, mais il croyait savoir pourquoi. Après tout, Saint-Germain était tout proche, où habitaient tous les gros bonnets de la Révolution. Pas étonnant qu'ils soient protégés ! En même temps, ça ne leur avait pas servi à grand-chose. Marat ? Assassiné. Danton, Desmoulins, Condorcet ? Raccourcis ! Et les femmes qui se mêlaient de politique passaient comme les hommes sous le rasoir national. Ah ! il chômait pas, le Maximilien ! Mais bon, c'était quand même pas pour ça qu'il se retrouvait devant le Tribunal révolutionnaire ! Et puis, par les temps qui couraient, Jean, ses idées, il se les gardait prudemment sous la langue. Voilà pourquoi il ne comprenait pas ce qu'il faisait là, à la barre des accusés, encadré par deux gendarmes.

— Nom ?

— Fournier.

— Prénom ?

— Jean.

— Profession ?

— Maraîcher. Mais je comprends pas, j'étais sur le marché et…

Le greffier qui venait de l'interroger ne leva même pas les yeux. Un des gendarmes le frappa à la nuque.

— Tu réponds quand on t'interroge.

À gauche de l'accusé, sur l'estrade, deux hommes venaient d'apparaître. L'un d'eux, portant un chapeau à plumet noir, s'assit à la table centrale. Jean ne lui trouva pas une mauvaise tête. Avec un peu de chance, il pourrait s'expliquer. L'autre, en revanche, avait le front en sueur et des yeux rougis qui n'annonçaient rien de bon. Il ouvrit un dossier et se tourna vers son voisin.

— Citoyen président, je suis prêt à lire l'acte d'accusation.

Jean se réjouit. Celui qui avait la bonne tête, c'était justement le chef ! Il avait une chance de s'en sortir. Autour du président, quatre nouveaux arrivés prirent place. Tous vêtus de noir, la mine grave, ils ravivèrent immédiatement les inquiétudes de Jean.

— Ce sont tes juges, l'avertit un des gendarmes.

Le président prit la parole :

— Citoyen accusateur public, faites votre office.

Tous les regards convergèrent vers Fouquier-Tinville, qui pointa aussitôt son doigt contre l'accusé.

— Je viens dénoncer un crime odieux contre la République, un complot inouï au cœur de Paris, pour renverser la Convention et anéantir le Comité.

Jean Fournier s'agrippa à la barre et balbutia :

— Mais je suis maraîcher…

— Regardez bien cet homme. Regardez bien sa blouse de paysan, ses sabots de rustre, tout est fait pour qu'on ne se méfie pas de lui. Il se fait passer pour un homme du peuple, mais il est tout le contraire. Il est un meurtrier de la liberté, un assassin de la vérité…

Emporté par sa verve accusatrice, Fouquier-Tinville s'était dressé. Jean, lui, venait de tomber à la renverse. Ses jambes avaient cédé.

— … Regardez-le s'effondrer sous le poids de ses crimes. Le remords l'accable déjà, car il sait le forfait monstrueux qu'il a commis.

Les gendarmes tentaient de relever l'accusé qui peinait à respirer. Face à lui, imperturbables, les greffiers notaient sans relâche la diatribe frénétique de l'accusateur public.

— Regardez-le se glisser à terre, telle une bête sournoise, pour tenter d'échapper à la justice des hommes !

Fouquier se tourna vers le président du tribunal.

— S'il vous fallait une seule preuve de sa culpabilité, citoyen président, vous l'avez là. Cet homme est un serpent pourri de venin qui tente de fuir l'ignominie de ses crimes. Vous devez l'empêcher de nuire. Définitivement.

À ces mots, Jean Fournier, dont la peur réveilla la mémoire, tenta de s'expliquer.

— Je n'ai rien dit… ce n'est pas moi… c'étaient des clients, à mon étal, ils disaient…

— Parle, et vite ! s'écria l'accusateur public.

— … Ils disaient que Robespierre était fou… qu'en plus d'avoir le sang de la France sur les mains, il se prenait pour Dieu…

— Accusation ignoble ! hurla Fouquier.

— Non… se reprit le maraîcher, affolé, je me suis trompé… ils disaient qu'il avait créé un dieu… c'est ça, un dieu… l'Être… l'Être suprême.

— Tu accuses Robespierre de vouloir vendre la France à une religion ? Tu l'accuses de trahir les idéaux de la République, de piétiner la liberté, de souiller la fraternité ?

— Non… non…

— Alors, avoue ! Qu'as-tu dit quand, devant toi, on a accusé le meilleur d'entre nous d'être le fossoyeur de la République ?

Jean se tut. Il ne comprenait pas le mot « fossoyeur ». Fouquier se tourna vers le président.

— Son silence l'accable. En public, il a refusé de défendre la République. Il est complice d'avoir laissé insulter l'Incorruptible, complice d'avoir nié l'Être suprême…

— Mais je sais même pas ce que c'est l'Être suprême ? Ça remplace Jésus, c'est ça ?

L'accusateur fit un geste vers le greffier.

— Pas la peine de noter davantage. Son ignorance est son aveu. Pour complicité de complot contre la République, pour conspiration contre le Comité de salut public, je demande, contre cet homme, cet ennemi du peuple, la peine capitale.

Le maraîcher voulut parler, mais les gendarmes le garrottèrent aussitôt. Le président ôta son chapeau et se tourna vers la tribune située juste au-dessus de la table des greffiers.

— Citoyens jurés, êtes-vous assez éclairés pour prononcer le verdict ?

Jean regarda les inconnus assis juste devant lui. C'étaient donc eux qui allaient décider de son sort ? Plusieurs lisaient les journaux, d'autres discutaient en groupe. L'un d'eux se leva.

— Citoyen président, nous sommes suffisamment éclairés.

— Vous pouvez donc vous retirer pour délibérer.

— Ce ne sera pas nécessaire, nous avons déjà décidé. Il ne peut y avoir qu'une sentence.

Devant Jean ahuri, le juré se rassit et reprit son journal. Le président se leva :

— Dans ce cas, je vais moi-même prononcer le verdict.

Un des gendarmes chuchota :

— Dis donc, ils sont pressés ce matin ! D'habitude, on ramène le prisonnier dans sa cellule, et c'est là que l'huissier vient lui annoncer sa condamnation. Sûr que le bourreau ne va pas manquer de besogne aujourd'hui.

Le président frappa la table d'un coup de maillet.

— Jean Fournier, conformément à la loi du 22 prairial, la présence des témoins comme d'un avocat n'étant plus requise, je vous reconnais donc coupable des crimes ignobles dont vous êtes accusé et vous condamne à mort. La sentence est exécutable immédiatement.

Fouquier venait d'expédier sa première fournée de condamnés. Il quitta le tribunal, laissant le greffier noter les noms de ceux qui seraient écroués à la prison de la Conciergerie. S'il n'y avait pas de retard, ils n'y passeraient que quelques heures et seraient tous exécutés avant le soir. L'accusateur public pourrait dîner tranquille. En attendant, sa matinée n'était pas terminée. Il devait aller au Comité et préparer les rapports à soumettre le lendemain à Robespierre. Il s'installa dans son cabinet de travail face à la Seine. Le soleil qui se reflétait sur le fleuve lui faisait mal aux yeux. Il appela un des huissiers.

— Tirez les rideaux et faites entrer mes rendez-vous.

Tous les matins, Fouquier avait deux visiteurs réguliers. Deux policiers qui faisaient partie du Bureau de sûreté générale. Une officine créée par Robespierre, gérée par Saint-Just, et dont le but inavoué était la surveillance de l'opinion publique et des députés de la Convention. Pour éviter que l'Incorruptible ne soit associé à ces activités d'espionnage, les policiers de ce service ne rendaient compte qu'à l'accusateur public, qui, ensuite, en parlait à Maximilien.

— Citoyens, faites votre rapport.

Le premier inspecteur était spécifiquement chargé de l'état d'esprit de la capitale. Une décision de Saint-Just qui, souvent en mission aux frontières, voulait avoir des informations régulières sur ce qui se disait à Paris.

— Citoyen accusateur, nos informateurs sont unanimes. Après les victoires de Fleurus et de Malines contre nos ennemis, le peuple est convaincu que la guerre est gagnée et tous les citoyens souhaitent désormais que la paix et la concorde soient publiques.

Agacé, Fouquier répliqua :

— Ne faites pas de phrases, soyez plus clair.

— Le peuple de Paris veut la fin de la répression, il ne tolère plus les perquisitions incessantes, les arrestations et les condamnations. Il ne supporte plus les dizaines d'exécutions chaque jour.

— Le peuple ne sait pas ce qui est bon pour lui. Nous le débarrassons de tous les parasites qui le rongent jusqu'au sang.

— Sauf que désormais ce ne sont plus des aristocrates ou des prêtres qui meurent sous le couperet, mais leurs parents, leurs voisins.

L'accusateur public pensa au maraîcher. Il avait été arrêté alors que des clients a son étal avaient critiqué la politique de Robespierre. Bien sûr, à la première apparition de la police, les clients s'étaient volatilisés comme des moineaux affolés. Par précaution, on avait arrêté le maraîcher. Pour l'exemple, Fouquier-Tinville l'avait condamné.

— Et que disent les gens du culte de l'Être suprême ?

Le policier faillit hausser les épaules de dépit. Depuis des semaines, il signalait aux autorités combien cette fête passait mal.

— Personne ne comprend ce que ça signifie. On a fermé les églises, déporté des prêtres, interdit le culte, et maintenant la République ordonne la croyance obligatoire en une divinité supérieure que personne ne connaît, l'Être suprême. Le peuple s'y perd.

Fouquier prit des notes. Dès demain, il en parlerait à l'Incorruptible.

— Et que dit-on de Robespierre ?

Les policiers hésitaient à répondre.

— Parlez sans crainte.

— Les gens disent qu'il veut devenir dictateur.

— Certains disent qu'il veut se faire pape de la nouvelle religion.

Fouquier-Tinville se leva et fixa la Seine. Personne ne comprenait Robespierre. Lui seul voyait plus loin, plus haut. Après avoir abattu un royaume pour le transformer en république, il venait de détrôner Dieu pour le remplacer par une divinité que chacun pourrait penser à sa façon : une divinité à l'image de l'homme. Une révolution qui dépassait la Révolution.

— Et à la Convention ?

L'autre policier intervint.

— L'Assemblée est gangrenée par les rumeurs. On dit qu'une nouvelle épuration va avoir lieu. Que Saint-Just, Couthon, Robespierre vont exiger de nouvelles têtes.

— Alors pourquoi continuent-ils à voter tout ce qu'on leur propose ? s'emporta Fouquier.

La réponse, tout le monde la connaissait, mais personne n'osait la formuler. Un des policiers se dévoua.

— Pour que la prochaine tête qui tombera ne soit pas la leur.

*Section des Tuileries*
*Quais de Seine*

Accolée au jardin des Tuileries, la guinguette du père Louis arborait fièrement un bonnet phrygien à son entrée. Enrôlé volontaire pour défendre la patrie en 1792, le père Louis en était revenu avec une jambe de bois et une passion redoublée pour la Révolution. Son établissement, qu'il avait monté en frappant de son pilon aux bonnes portes, était situé à proximité de la Convention qui tenait ses assemblées dans l'ancien théâtre des Tuileries. Si les députés se montraient rarement dans son café, en revanche les garçons de course, les commis aux écritures, tout le petit monde anonyme qui travaillait dans la fournaise de la Convention venait là déguster les vins de Montmartre en échangeant les dernières nouvelles du jour. On y entonnait volontiers *La Marseillaise*, on y conspuait les prêtres et les aristocrates, et on se moquait, à voix basse, des députés sur lesquels les anecdotes ne manquaient pas. C'est dire la surprise du père Louis quand il vit, un matin, Robespierre s'installer à une table isolée. Affable et souriant, l'Incorruptible était resté une heure, jouant avec son chien et buvant une limonade. Depuis, un rituel s'était instauré. Robespierre arrivait en début de matinée et s'asseyait sous un tilleul pendant que son escorte se disséminait discrètement dans l'estaminet. Le père Louis apportait alors une carafe fraîche, un bout de bois pour amuser Brount, et l'Incorruptible commençait à peler son orange.

C'était la première fois qu'Hanriot accompagnait Maximilien dans la guinguette du père Louis. Il avait disposé les gardes par tables de deux, masquant celle de Robespierre. Ainsi, sans être vu, celui-ci pouvait entendre les discussions. Personne ne prenait garde à cet homme trop élégant qui jouait avec son chien. Sur la terrasse, un groupe de fonctionnaires de l'Assemblée venait de s'installer. Hanriot les observa avec soin. L'un d'eux semblait très jeune. Sans doute un provincial qu'un député venait de caser à un poste vacant. À voir son regard interrogatif qui virevoltait sans cesse, on pouvait déduire qu'il ne connaissait pas encore la mécanique subtile des institutions. Hanriot enregistra les traits de son visage. Lui et Robespierre avaient besoin d'informateurs à la Convention. Et qui se méfierait d'un jeune benêt dans son genre ? Il suffirait de le faire convoquer par Fouquier-Tinville et il deviendrait plus bavard qu'une pie. Un verre à la main, un des fonctionnaires venait de hausser le ton :

— Et moi, je te dis qu'« il » ne vient plus au Comité de salut public depuis des semaines !

Bien calé dans son fauteuil, Maximilien commença de caresser Brount.

— Ça ne m'étonne pas. On m'a dit que la dernière fois qu'« il » était présent, Collot lui a sauté à la gorge.

Robespierre enfonça ses doigts dans la fourrure du chien. Collot ! Un acteur raté qui se croyait toujours sur scène. Comme il n'avait jamais joué un seul bon rôle, il s'était emparé de celui de révolutionnaire. On l'avait envoyé à Lyon où il s'était ridiculisé à organiser des fêtes à la gloire de la Fraternité pendant que son collègue Fouché massacrait la population à coups de canon. Honni et méprisé à son retour à Paris, il avait vu son étoile briller de nouveau quand un royaliste fanatique avait à deux reprises déchargé son pistolet sur lui sans l'atteindre. Il en avait profité pour se pavaner dans Paris tel un animal de foire échappé de l'abattoir. Mais depuis quelques jours, il ne sortait plus du Comité.

— Collot, l'acteur ? On dit qu'il fait dans sa culotte depuis son altercation avec l'Incorruptible.

— Mieux vaut, sa tête ne tient plus qu'à un fil.

Robespierre dégusta un premier quart de son orange. Il en consommait plusieurs par jour, mais ce qu'il préférait, c'était les dépecer lentement. Ce geste simple et répété lui donnait le temps de réfléchir.

— Je ne comprends pas, dit une voix plus jeune. Pourquoi parlez-vous sans cesse du Comité ? Ce n'est pas la Convention qui dirige la Nation ?

— Ah ! on voit bien que tu es un marmouset qui ne comprend rien aux affaires. Je t'explique : la Convention, c'est l'assemblée qui vote les lois. Le Comité de salut public, c'est le gouvernement qui les fait exécuter.

— Mais qui propose les lois alors ?

Un éclat de rire salua la question.

— Quel naïf ! Tu n'as toujours pas compris la combine ? C'est ce même Comité qui fait exécuter les lois qui les propose. Au milieu, la Convention, c'est juste un troupeau de moutons qui votent ce qu'on leur ordonne.

Inquiet, Hanriot jeta un regard oblique à Robespierre, mais l'Incorruptible se contentait de regarder la Seine derrière ses lunettes fumées.

— Alors tu dis qu'au Comité ils ne s'entendent plus ?

— Depuis que Maximilien ne vient plus, c'est la foire d'empoigne ! Surtout entre Saint-Just et Carnot. Ces deux-là, quand ils se croisent, c'est pis que des rats en chaleur.

Robespierre sortit son carnet et le posa sur la table. Carnot était un militaire aux manières raides et étroites qui ne comprenait rien à la politique. En revanche, c'était un organisateur hors pair. En 1792, lors de l'invasion par l'Autriche, la Prusse et l'Angleterre coalisées, c'est lui qui avait sauvé la France en mobilisant toutes les forces possibles. Depuis, il vivait sur sa réputation et se croyait indispensable. Un mot qui n'existait pas en Révolution.

— Moi je suis pour Saint-Just, déclara une voix. Il est jeune et volontaire. Ce printemps, il était seul sur le front du Nord, au milieu des désertions et des pénuries. C'est lui, contre l'avis de Carnot, qui a déclenché l'offensive à outrance, et le résultat, c'est que nos ennemis sont en déroute jusqu'en Belgique.

Un bruit de chopes que l'on entrechoque salua cette déclaration. Maximilien saisit le bâton et le lança vers la Seine. Brount commençait à tirer la langue.

— Nous devrions peut-être y aller, citoyen ? suggéra Hanriot, qui craignait que la conversation ne prît un tour désagréable.

Robespierre secoua la tête.

— C'est vrai ce qu'on raconte sur Saint-Just, que c'est un homme à bonnes fortunes ? On dit que si Carnot le déteste, c'est parce qu'il a fait arrêter des généraux pour s'emparer de leurs femmes !

— Tu as vu sa tête d'ange ? Tu crois qu'il a besoin de mettre les maris à l'ombre pour obtenir ce qu'il veut ?

Un éclat de rire trivial embrasa le groupe. Hanriot dénoua le col de sa chemise. Il avait besoin d'air. Que l'on raconte des stupidités sur les exploits d'alcôve de Saint-Just ne le dérangeait guère, mais il craignait plus que tout que, de Saint-Just, on ne passe à Robespierre.

— Moi, je vous le dis, Saint-Just, il n'est pas aussi blanc que ça. On raconte des choses à la Conciergerie. On dit qu'après leur exécution certains condamnés ne sont pas envoyés aux Errancis.

— Tu veux dire que des corps sont conservés ?

— Oui, et uniquement des corps de femmes.

D'un coup, le niveau sonore de la conversation s'abaissa. Maximilien saisit Brount au collet pour qu'il n'aboie pas.

— On raconte qu'elles sont transférées à Meudon, dans l'ancien château des rois.

— J'y suis passé une fois. L'entrée est sévèrement gardée. Personne ne sait ce qui s'y passe.

— Eh bien moi, je sais. Les corps arrivent de nuit et un chirurgien s'occupe d'eux.

Hanriot était prêt à se lever pour mettre un terme à la conversation, mais Robespierre lui fit signe de ne pas bouger.

— Elles sont dépecées, puis leurs peaux sont tannées.

— Mais pour faire quoi ? s'écria une voix angoissée.

— La prochaine fois que tu verras Saint-Just caracoler aux Tuileries, regarde bien sa culotte de cheval…

Robespierre se leva. Il en avait assez entendu. Hanriot se précipita.

— Si vous voulez, citoyen, je les fais arrêter à l'instant…

Maximilien secoua doucement la tête. Il ne servait à rien de se battre contre les rumeurs. On ne faisait que lever le vent pour les attiser.

— On dit que je couche avec ma sœur Charlotte. Tu es au courant, Hanriot ?

Le commandant de la garde nationale manqua de se cogner contre une table.

— Calomnies, ignobles calomnies !

— Il paraît que j'entretiens aussi une liaison coupable avec Saint-Just. Et sais-tu où l'on invente, où l'on répand ces abominations ?

Hanriot secoua la tête. L'Incorruptible lui montra les Tuileries où siégeait la Convention.

— Là, dans le saint des saints de la République.

Libéré d'un nuage errant, les rayons du soleil tombèrent sur le toit du palais qui, d'un coup, étincela de lumière.

— Le mal vient toujours d'en haut, mais je vais y porter le fer et le feu.

*Section des Tuileries*
*Pavillon de l'Égalité*
*Comité de salut public*

La salle où se réunissait le Comité, qui gouvernait la France, en aurait surpris plus d'un. Rien ne demeurait des anciens appartements où Marie-Antoinette avait passé ses derniers jours de liberté avant d'être incarcérée au Temple. Plus aucun parfum d'Ancien Régime ne flottait entre les murs. Les insignes royaux comme les fleurs de lys avaient été retirés. Les tableaux de Louis XIV en héros antique ou d'Henri IV à cheval avaient eux aussi disparu. Seule subsistait, à la lumière du soleil couchant, la trace légèrement plus sombre des cadres décrochés. À la place des commodes galbées s'entassaient des piles de dossiers témoignant de l'activité intense qui animait ce lieu. D'ailleurs, depuis plusieurs semaines, les membres du Comité ne rentraient plus chez eux. Plusieurs sofas, recouverts de draps froissés, servaient de lits de fortune, tandis que des restes de repas, avalés à la hâte, composaient des natures mortes aux quatre coins de la salle. Là où tout n'avait été qu'ordre et grandeur régnait une atmosphère de frénésie et de chaos.

Collot, les cheveux collés aux tempes à cause de la chaleur, frappa du poing sur la table.

— Pourquoi Robespierre n'est pas là ? Des semaines qu'on ne le voit plus ! On dit partout qu'il nous en veut parce que nous avons contesté « sa » fête de l'Être suprême, cette bouffonnerie ridicule !

Autour de la longue table recouverte d'un tapis vert déchiré, tout le monde se taisait. Par précaution, on avait renvoyé les secrétaires et fermé les fenêtres, malgré la température déjà étouffante. Le visage empourpré, Collot s'était arrêté, comme si sa propre indignation lui avait coupé la parole.

— J'espère que tu étais meilleur acteur quand tu jouais sur scène, lui répondit Couthon. De quel droit oses-tu t'en prendre à un homme que tu as insulté gravement ?

La colère de Collot se mua aussitôt en indignation.

— Je n'ai jamais insulté Robespierre !

— Si tu ne te le rappelles pas, sois certain que lui s'en souvient parfaitement.

Sous la menace implicite, la table entière se tut, chacun évitant de regarder son voisin. Collot fixait sombrement le tapis vert. Comme d'habitude, il avait trop parlé. À sa gauche se tenait Carnot, aussi raide qu'un fil à plomb ; à droite, installé dans sa chaise de paralytique, Couthon, ami intime de Robespierre. Les mains jointes en signe d'apaisement, le député Barère s'était levé. Une fois de plus, l'orateur le plus populaire de la Convention allait tenter de trouver un compromis.

— Personne n'est là pour accuser quiconque. Nous devons privilégier ce qui nous réunit et repousser ce qui pourrait nous diviser. La France nous regarde et nous nous devons à notre mission sacrée…

Les yeux rougis par l'insomnie, Carnot laissa échapper un bâillement. Il avait travaillé toute la nuit et n'était plus capable de supporter les phrases creuses de Barère.

— Je demande que nous revenions à l'ordre du jour, lança-t-il de sa voix où perçait l'exaspération.

— Absolument, rebondit Barère, trop heureux de changer de sujet. Alors, qu'avons-nous à traiter en priorité ?

Collot ricana.

— Le choix ne manque pas. Toute l'Europe coalisée contre nous ? La pénurie de pain ? Les complots royalistes ? L'inflation devenue folle ? Ou bien la guerre civile dans les départements de l'Ouest ?

— Et pourquoi pas les villes de Lyon, Bordeaux, Toulon, ruinées, dévastées, humiliées ? lança Couthon, dont le visage doux et fin contrastait avec la violence de sa réplique.

Cette fois, c'en était trop pour l'ancien acteur qui bondit de son siège en le faisant rouler au sol.

— Toutes ces villes étaient en rébellion ! Nous n'avons fait que rétablir la paix civile !

— À coups de pillages et de massacres ? Dis-moi, Collot, c'est vrai ce qu'on raconte ? Qu'à Lyon, avant la Révolution, le public t'a sifflé ? On comprend mieux pourquoi ton complice Fouché et toi avez mitraillé la population au canon.

Devant l'affront, l'ancien acteur resta muet. Si Couthon avait perdu ses jambes, il n'avait pas perdu sa langue assassine.

— Ça suffit, tonna Carnot. L'ennemi est à nos frontières et vous vous insultez comme des gueux !

Collot, que la hargne étouffait, se retourna aussitôt contre lui.

— Pourquoi mens-tu ? L'ennemi est repoussé en Belgique depuis des semaines et tout le monde sait que tu n'y es pour rien ! Si on t'avait écouté, on piétinerait encore comme des lâches devant l'ennemi. À moins que tu n'aies des raisons pour qu'on perde cette guerre ?

Carnot se dressa en hurlant.

— Je ne te permets pas ! Tu ne connais rien aux affaires militaires ! C'est mon état-major qui a décidé de la stratégie, et tes insinuations…

— Un état-major commandé par un simple capitaine… ironisa Collot.

À son tour, Carnot resta sans mots. Jamais on n'avait osé l'attaquer sur la médiocrité de son grade. L'humiliation lui cloua la langue.

— Nous annoncerons la prise d'Anvers cet après-midi, à la tribune de la Convention, annonça Barère. Une grande victoire. Un soldat apportera des drapeaux et…

Couthon le regarda avec stupéfaction. C'était du Barère tout craché. Il se croyait toujours au milieu d'un discours. En tout cas, lui, Couthon, était satisfait : il avait réussi à séparer Collot et Carnot. Jusque-là, ils étaient tous deux alliés contre Maximilien, ils ne le seraient plus. Il avait suffi de provoquer l'acteur pour que le militaire se fît rabaisser en public. Une honte qu'il ne lui pardonnerait pas.

Un coup discret retentit contre la porte. Un secrétaire glissa une tête rapide, comme s'il craignait de ne pas la récupérer.

— Le citoyen Saint-Just vient d'arriver.

Excédé, Collot frappa de nouveau du poing sur la table.

— Il ne manquait plus que lui ! Le dogue de Maximilien !

Barère se précipita.

— Saint-Just ! Après une nuit de travail, nous évoquions justement les affaires militaires. Tes lumières nous seront d'un grand secours ! Prends place !

Couthon sourit. Il allait enfin avoir du renfort. Lui, Saint-Just et Robespierre étaient aussi indissociables que les pointes d'un trident. Et le temps était venu de tailler dans le vif.

Carnot, lui, était atterré. Depuis des semaines, il était en conflit avec « l'Archange », comme l'appelaient ses admirateurs. Tous deux s'opposaient avec violence sur la conduite des affaires militaires que le capitaine considérait comme son domaine exclusif. Or, pour le contrer, Robespierre avait fait nommer Saint-Just représentant aux armées. En quelques jours à peine, l'Archange avait épuré les régiments, réprimé les troubles, subjugué les officiers et enthousiasmé la troupe. Et les victoires avaient commencé. Une défaite et une humiliation pour Carnot.

Saint-Just était souvent silencieux. Ce qui rendait sa parole plus dangereuse. Sans répondre aux mots de bienvenue de Barère ni saluer ses collègues, il s'empara d'une chaise qu'il chevaucha à califourchon et dévisagea lentement chacun des membres du Comité. Sa beauté rayonnait d'une insolence naturelle. À côté de lui, on devenait subitement laid. Une sensation que Collot ne supportait pas.

Vêtu d'une redingote impeccablement taillée, qui faisait ressortir l'élégance de sa taille, les jambes finement moulées dans une culotte couleur gris souris, Saint-Just semblait sortir d'une gravure de mode. Accablé, Collot baissa le regard. Ni le soleil ni Saint-Just ne pouvaient se regarder fixement.

Nonchalamment, l'Archange posa sa cravache à ses pieds. La tresse de cuir était encore luisante de la rosée du matin.

Carnot qui, malgré des années de pratique, montait à cheval raide comme une hallebarde s'assombrit plus encore à la pensée d'un Saint-Just galopant en plein Paris sous les acclamations des femmes du peuple.

— J'ai vu Robespierre.

Jetés comme une nouvelle sans importance, ces quatre mots s'emparèrent aussitôt de tous les esprits. Carnot et Collot avaient immédiatement tourné la tête vers la porte d'entrée, comme si, son nom désormais prononcé, Maximilien allait surgir à l'instant. Couthon, lui, n'avait pas cillé. L'absence de l'Incorruptible avait été comme un orage qui gonfle et menace. Désormais, il ne pouvait qu'éclater.

— Et? demanda Barère comme si les mots lui manquaient.

Saint-Just eut un sourire de carnassier.

— Il va parler à nouveau devant la Convention…

— Si c'est pour accuser sans preuves et menacer sans raison, fanfaronna Collot.

— … et cette fois, il va nommer les têtes qui vont tomber.

# 8 THERMIDOR
## (26 juillet)

## Samedi après-midi

*Section des Tuileries*
*La Convention*

Un étranger qui aurait découvert les jardins des Tuileries en ce mois de juillet se serait demandé si la Révolution avait bien eu lieu. Alors que la peur de la famine gagnait la ville, que la révolte menaçait dans les quartiers populaires, les anciens jardins royaux semblaient n'avoir pas changé. On y trouvait autant d'oisifs et de curieux qui, à l'ombre des arbres plantés sous le Roi-Soleil, prenaient le frais et discutaient les nouvelles du jour. Certes, le public avait changé : les jeunes élégantes et les aristocrates talonnés de haut avaient abandonné la place aux sans-culottes et aux porteurs de bonnets phrygiens. On ne discutait plus du dernier tailleur à la mode, mais du prochain discours de Robespierre, en pesant bien ses mots toutefois. Si chacun vivait maintenant sous le règne de la Fraternité, il n'y avait jamais eu autant de dénonciations et d'arrestations.

Parmi les promeneurs, deux femmes, en robe claire, avaient quitté l'allée centrale bordée de marronniers pour s'engager dans l'escalier qui montait à la terrasse des Feuillants. L'endroit était moins fréquenté, à cause de la chaleur, mais on y avait une vue qui s'étendait jusqu'à la Seine. Et puis, on voyait parfaitement les Tuileries, de la salle de la Convention à celle du Comité de salut public. En un regard, on embrassait les deux centres antagonistes du pouvoir. Courant sous la terrasse, un vendeur de journaux cria :

— L'Incorruptible va parler !

Éléonore rougit, elle attendait ce moment depuis des semaines. Maximilien allait de nouveau monter à la tribune de l'Assemblée qui en avait fait son roi. Accompagnée de Babeth, sa sœur cadette, elle pressa le pas. Elle tenait à avoir les meilleures places, car lorsque Robespierre s'exprimait, les tribunes étaient toujours remplies à ras bord. Les pieds douloureux dans ses chaussures neuves, Babeth avait du mal à suivre, mais pour autant, elle n'aurait raté pour rien au monde une intervention de l'idole de la famille Duplay.

— Regarde, c'est lui ! s'exclama Éléonore. Il vient d'entrer dans le jardin des Tuileries !

Elle portait à la main un paquet où se trouvait la veste bleue de Robespierre, la plus belle, celle des grandes occasions. Elle la laisserait au concierge du Comité. Il avait l'habitude.

— Il n'est pas seul, remarqua sa sœur en levant la main au-dessus de ses yeux pour mieux voir.

— Hanriot accompagne Maximilien ce matin.

Éléonore n'aimait guère le commandant de la garde nationale. On disait qu'il buvait et qu'il ne savait pas écrire. Le jour où Babeth avait répété cette rumeur à la table familiale, son père s'était fâché. Il détestait qu'on critique les proches de Robespierre. Dieu ne pouvait être entouré que de saints.

— Non, à sa droite, regarde, il y a quelqu'un d'autre.

Les deux sœurs se penchèrent sur le parapet de pierre pour mieux voir. Babeth fut la première à réagir.

— C'est Saint-Just !

Les sœurs levèrent la main, mais les deux hommes plongés dans leur discussion ne les voyaient pas. Saint-Just était un familier de la maison Duplay. Il venait souvent voir Robespierre pour parler affaires d'État. Sa beauté comme son caractère ombrageux fascinaient toute la famille. Quand il restait dîner, chacun rivalisait de talent pour attirer son attention, mais l'Archange, même s'il était d'une politesse irréprochable, ne se mélangeait pas. Le genre humain ne l'intéressait tout simplement pas, seule la politique trouvait grâce à ses yeux.

— Tu crois que lui aussi va parler ? demanda Babeth en triturant du doigt un ruban bleu à l'épaule de sa robe.

Éléonore sourit. Sa sœur, jeune mariée, venait juste d'accoucher, mais il suffisait qu'on parle de Saint-Just pour qu'elle soit troublée.

— Je ne sais pas.

Elles venaient d'arriver au premier point de contrôle permettant l'accès à la Convention. La queue était déjà longue. Méticuleusement, des soldats vérifiaient les identités. Éléonore sortit sa carte de section qui indiquait son nom et son adresse. Babeth montra son paquet.

— Tu devrais leur dire que tu apportes des vêtements pour Maximilien, comme ça on pourrait éviter la queue.

Éléonore allait répondre à sa sœur par la négative quand un sous-officier, qui les avait reconnues, vint les chercher.

— Si vous attendez encore, vous n'aurez plus aucune place. Elles sont prises d'assaut.

— Nous ne voulons pas de passe-droit.

Le militaire secoua la tête et les fit avancer.

— L'Incorruptible va prononcer un grand discours ! Il aura besoin de voir des visages amis dans la tribune. Nous sommes tous derrière lui ! Il est temps qu'il nettoie cette Assemblée de tous les corrompus et de tous les traîtres qui l'infestent.

Éléonore remercia de la tête sans répondre. Elle remarqua que le sous-officier jetait un œil appuyé sur son corsage. Noué autour du cou, le foulard qu'elle portait s'évasait sur sa poitrine. La gaze était très fine et frémissait à chaque respiration.

— Dans la galerie qui jouxte la salle de l'Assemblée, allez jusqu'à la porte du milieu, reprit le soldat. L'escalier tourne un peu, mais il donne directement sur la tribune centrale. Vous serez aux premières loges.

— Merci, répondit Babeth. Nous avons tellement hâte de l'entendre !

En entrant dans la galerie, Éléonore ralentit le pas. Elle avait toujours été fascinée par ce lieu de passage où se croisaient députés en conciliabule, journalistes en maraude et quémandeurs en tout genre. On venait de toute la France pour demander une faveur, un poste, une protection. Des provinciaux en redingote élimée erraient, perdus et affolés, dans cette foule qui grouillait comme dans une fourmilière. Pour éviter de perdre sa sœur, Éléonore s'arrêta un instant. Un jeune homme se leva d'un banc et vint la saluer.

— Oh ! Augustin, s'écria Éléonore. Quel bonheur de vous voir dans cette cohue.

Robespierre le Jeune esquissa une révérence. Député comme son frère, « Bonbon », ainsi que l'appelaient tous ses amis, était pourtant tout l'opposé de son aîné. Le visage rond, les yeux rieurs, il surprenait par son goût inné de la plaisanterie. Pour autant, il était un député assidu et efficace. Il saisit Éléonore par le bras, Babeth par la main et les mena toutes deux dans l'embrasure discrète d'une porte. D'un geste de grand seigneur, il balaya la galerie.

— Allez, posez-moi toutes les questions que vous voulez, je sais que vous en mourez d'envie !

Avant même qu'Éléonore ne décline l'invitation, Babeth s'écria :

— Cette femme aux cheveux blonds et en robe claire semée de roses, qui est-ce ?

Bonbon sortit une lunette miniature comme s'il était au théâtre et détailla l'inconnue.

— Je la connais. Elle parle avec Rovère, le député du Vaucluse. Regardez bien les mains de ces deux-là, vous allez assister à un spectacle très intéressant.

Les deux sœurs ne quittèrent plus le couple des yeux. Brusquement, la femme plongea la main dans son corsage et en sortit une bourse fripée, qui disparut aussitôt dans la redingote du député.

— Et voilà, expliqua Bonbon. Cette femme s'appelle Constance Quesnet et elle vient d'acheter un jour de vie de son amant. Il est emprisonné. Un certain Sade. Un écrivain, paraît-il. Aujourd'hui, il est en vie, mais si demain elle ne paie pas…

— Mais c'est ignoble, s'écria Éléonore que cette corruption, au cœur même de la Convention, révoltait profondément.

— C'est le gagne-pain de Rovère, il vend la vie. Et autant dire qu'en ce moment il ne manque pas de clients.

— Mais si cette pauvre femme ne peut plus payer ? s'alarma Babeth.

— C'est une ancienne actrice. Elle saura faire.

Éléonore le saisit par la manche.

— Bonbon, vous êtes horrible ! Si votre frère entendait cela…

— Justement, mon frère devrait se presser de nettoyer la Convention, je le lui répète tous les jours. L'épuration est une nécessité vitale. Si nous ne purgeons pas l'Assemblée de tous ceux qui la gangrènent, ce sont eux qui nous élimineront.

Les deux jeunes femmes n'osaient plus jeter un regard dans la galerie, de peur de tomber sur d'autres turpitudes. Brusquement, la cohue qui occupait la galerie se divisa en deux comme la mer Rouge devant Moïse. Une partie se précipita vers la salle de la Convention, l'autre se massa à l'entrée de la galerie. Une rumeur courait, faisant lever les têtes. Seul Bonbon conservait un calme étonnant. Surexcitée, Babeth monta sur un banc dont un de ses talons écorcha le velours vert.

— Il est dans les jardins ! Il arrive !

Éléonore sentit sa gorge devenir sèche. Comme chaque fois que Maximilien apparaissait. Les yeux brillants, elle fixait la foule que gagnait une tension invisible, mais palpable. Il lui semblait qu'il faisait plus chaud, plus lumineux. Le visage extatique, elle se tourna vers Bonbon.

— Comme il est aimé !

Bonbon eut un étrange sourire.

— Ce n'est pas de l'amour.

Éléonore s'enflamma.

— Vous avez raison, c'est au-delà…

— Oui, c'est de la peur.

*Section du Muséum*
*Palais du Louvre*

L'apprenti ouvrit délicatement un des volets intérieurs accolés à la fenêtre de l'atelier. Le soleil dévoila un pan de mur recouvert d'un drap gris qui, sous les plis, dessinait les contours d'un vaste tableau.

— La lumière vous convient, maître ?

Le peintre David hocha la tête. Comme à son habitude, il tenait son visage appuyé sur sa main gauche. Une manière de masquer la grosseur qui défigurait l'une de ses joues. Sa femme, au début de leur relation, trouvait que cette posture lui donnait l'air d'un penseur. Elle ne devait plus penser la même chose, car elle venait d'obtenir le divorce. Le regard de David s'assombrit. Sa situation financière était déjà difficile – ses tableaux ne se vendaient plus. Sans les maigres ressources de son épouse, il ne parviendrait pas à tenir.

— Maître, vous avez un visiteur.

— Il a donné son nom ?

L'apprenti faillit hausser les épaules mais préféra secouer la tête. Depuis l'accélération de la répression, on ne prononçait plus un nom devant quiconque, de peur d'une dénonciation fatale.

— Faites entrer, mais surtout restez à proximité.

David avait peur. Peur de la solitude, peur de la misère, peur surtout d'être assassiné. Lors de l'exécution de Marie-Antoinette, il s'était posté sur le passage de la charrette funèbre et avait griffonné à la hâte un portrait de la reine. Violemment amaigrie, les cheveux blanchis et la bouche ignoblement pincée parce qu'on lui avait retiré son dentier. David avait compris que l'humiliation infligée à cette femme serait un jour terrible à payer. Il était revenu de cette mise à mort fasciné et terrifié.

— C'est moi, Tallien.

David sortit de sa rêverie morbide pour accueillir son visiteur. Il connaissait le représentant en mission depuis les premières années de la Révolution et ne s'en était pas fait un ennemi. Une surprise, car le peintre avait la réputation d'être aussi impulsif qu'excessif, ce qui lui valait des rancunes tenaces. Sa relation avec Tallien avait échappé à tous ces orages : une exception qui l'étonnait lui-même et qu'il préservait avec soin. Son visiteur s'abattit sur une chaise, le visage ruisselant de sueur.

— Je viens à pied de chez Robespierre, mais j'ai fait plusieurs détours, j'avais peur d'être suivi.

David ne réagit pas.

— La rencontre s'est mal passée. J'y suis allé avec Barras…

À ce nom, le peintre arqua un sourcil. Il n'aimait pas Barras. Un jouisseur plus fait pour hanter les bordels que s'occuper de politique.

— Robespierre n'a pas prononcé un mot. Il a fait sa toilette devant nous. Comme si nous étions des ombres.

— Tu sais que Maximilien est mon ami, précisa David pour éviter d'avoir à en entendre davantage.

— C'est pour ça que je suis venu te voir.

Posé sur un chevalet, un dessin représentait le corps nu de Marat, un bandeau noué autour de la tête. Couché sur une table souillée de sang, le cadavre du tribun semblait attendre une dissection. David le montra du doigt.

— Le lendemain de son assassinat, la Convention m'a demandé de lui organiser des funérailles nationales. Il fallait frapper les esprits. Sauf que c'était l'été et que le corps supportait de plus en plus mal la chaleur. Pour éviter une décomposition générale, on s'est rabattus sur une simple exposition au public. Et c'est moi qui ai dû préparer le corps.

Surpris, Tallien en avait presque oublié sa discorde avec l'Incorruptible. David savait aussi bien raconter que peindre.

— Le visage s'était affaissé. Les lèvres n'étaient plus qu'un trait. Les pommettes jaillissaient sous la peau qui verdissait déjà. J'ai dû le maquiller. Puis je lui ai enroulé ce bandeau sur le front.

— Pour masquer une blessure ?

— Non, pour éviter que la peau en décomposition ne recouvre les yeux. Les sourcils sont les premiers à s'affaisser. Quant à la bouche, je n'ai pas pu la fermer.

— Mais comment as-tu fait ?

— La langue dépassait, je l'ai fait couper.

Tallien pâlit.

— Et puis il y a eu le problème du bras. La Convention voulait à tout prix que Marat soit représenté, comme il était mort, une plume à la main. C'était impossible, le bras avait trop raidi.

— Ta mémoire te trompe, David ! Je suis allé me recueillir devant la dépouille de Marat et j'ai vu sa main tenant une plume.

Le peintre hocha la tête.

— Ce n'est pas sa main que tu as vue, ni son bras. Je l'avais fait amputer quelques heures auparavant.

Cette fois, Tallien s'accrocha au dossier de sa chaise.

— Je suis allé à l'académie de médecine. J'ai réclamé un mort frais et j'ai récupéré un bras encore souple. C'est ainsi que j'ai pu glisser une plume entre les doigts.

— Pourquoi me racontes-tu ça ?

Le peintre se leva et regarda par la fenêtre les quais sur la Seine. Avant la Révolution, ils bruissaient de vie.

— Il a suffi d'un geste pour que Marat disparaisse à tout jamais et que son corps soit démembré. Qui aurait pu le prévoir ? Aujourd'hui, tu es en conflit avec Maximilien. Demain…

Tallien le coupa.

— Robespierre n'est pas Marat. Il a le pouvoir de vie et de mort sur nous tous. Et il va s'en servir.

— Robespierre est un homme, pas un dieu.

— Il vient pourtant de créer une religion de toutes pièces : le culte de l'Être suprême !

Le peintre eut un geste d'agacement. Même les plus proches de Maximilien ne comprenaient pas pourquoi, en pleine crise politique, il avait imposé une idée aussi incroyable. Pis, il avait aussi décidé d'une gigantesque fête pour célébrer la nouvelle divinité de la République, dans les jardins des Tuileries, et c'est David qui avait été chargé de la mise en scène.

En quelques semaines, il avait fait bâtir un piédestal monumental au sommet duquel l'Incorruptible avait pris la parole devant une foule innombrable. Mais la réussite dont David était le plus fier, au milieu d'une forêt de colonnes, de temples et de pyramides, avait été l'érection, sur le bassin recouvert des Tuileries, d'une gigantesque statue de la Sagesse, incarnant la vertu qui désormais devait guider la France.

— Robespierre voit plus loin que nous. Il faut lui faire confiance.

À son tour, Tallien alla se poster près de la fenêtre. Le quai désert ne le rassura pas. Un mouchard pouvait très bien s'embusquer dans un recoin. La peur devenait intolérable.

— Un homme qui nous fait tous vivre dans la terreur ? On dit que lui et Saint-Just sont en train de dresser des listes de mises en accusation.

— Et on t'a dit que tu étais sur ces listes ?

— Oui, avec une dizaine d'autres députés.

David grommela de dépit. Depuis des semaines, des listes circulaient dans tout Paris, avec chaque fois de nouveaux noms. Des opposants déclarés à Robespierre, habilement mélangés à des députés de moindre envergure. Un subtil panachage pour provoquer le doute et semer l'effroi dans l'Assemblée.

— C'est Fouché, ce rat d'égout, qui diffuse ces listes. Depuis qu'il est rentré de Lyon, c'est devenu sa spécialité : créer la peur.

— Et s'il ne faisait que se protéger ? Tout le monde sait très bien que Robespierre veut l'abattre à n'importe quel prix.

David répliqua aussitôt.

— Ce ne serait que justice ! Fouché a les mains qui dégoulinent de sang. Il a déshonoré la République. À Lyon, comme il ne savait plus quoi faire des nombreux prisonniers politiques, il leur a fait creuser des fosses avant d'en faire leur tombe à coups de canon. Tu as déjà vu un corps haché vif par un boulet tiré à bout portant ?

— Des diffamations, des calomnies, colportées par Robespierre lui-même, j'en suis sûr.

— Les prisonniers étaient attachés deux par deux pour être sûr qu'aucun ne parvienne à s'échapper, et les blessés, les mutilés, ont été achevés au sabre.

— Il y a eu des excès, sans doute, mais commandés par les circonstances, qui étaient exceptionnelles.

— Deux cent soixante-douze déchiquetés vivants en deux jours, ça ne te suffit pas ?

— Nous avons tous commis des erreurs.

« Et toi, à Bordeaux, pensa le peintre, combien as-tu fait de cadavres ? Combien d'enfants devenus orphelins maudissent ton nom ? »

— Mais ce que je ne supporte pas, reprit Tallien, c'est que seuls les représentants envoyés en province sont mis en cause, traités comme des assassins. Comme si la guillotine n'avait pas fonctionné, à Paris, pendant notre absence.

— Allons, nul n'a mitraillé des suspects comme Fouché à Lyon ou noyé des prisonniers comme Carrier à Nantes ! On parle de milliers de morts dans la Loire.

Tallien ricana.

— J'oubliais, Paris, même révolutionnaire, est toujours l'arbitre des élégances ! Ici, on ne massacre pas comme en province, on exécute avec distinction. Avoir la tête tranchée par le couperet, c'est tellement plus raffiné !

David n'insista pas. En tant que membre du Comité de sûreté générale, il avait cosigné près de trois cents ordres d'arrestation, sans compter une cinquantaine d'envois devant le Tribunal révolutionnaire : autant de voyages sans retour pour le rasoir national.

— Qu'attends-tu de moi ?

Tallien se dirigera vers la porte de l'antichambre.

— Que tu parles à Robespierre.

Le peintre ramassa un pinceau tombé au sol. Depuis quelques semaines, il ne parvenait plus à peindre. Il passait ses journées à l'atelier à regarder ses anciennes esquisses. En particulier, celles qu'il avait faites pour *Le Serment du Jeu de paume.* Ce moment fondateur de la Révolution où, en juin 1789, des députés enthousiastes avaient juré de donner une Constitution à la France. Ce tableau aurait dû être son chef-d'œuvre si certains de ses personnages n'avaient malencontreusement fini sous la guillotine. Depuis, David n'osait reprendre sa peinture, de peur de représenter une assemblée de décapités.

— Thérésa est arrêtée depuis deux mois et je n'ai pas pu la voir.

— On t'interdit de lui rendre visite ?

— Au contraire, on ne souhaite qu'une chose, c'est que je me précipite à la Petite Force. Cela prouverait ma culpabilité. Aimer une aristocrate en temps de Révolution, c'est le plus court chemin pour l'échafaud.

— Tu sais pourquoi elle est enfermée ?

— Pour le crime d'être née.

— Ce n'est pas un crime.

— Être née riche et belle, si !

David pensa à sa femme qui n'avait jamais été ni belle ni riche, mais la jalousie ne faisait pas partie de son caractère. Il jeta un coup d'œil à l'horloge au-dessus de la cheminée.

— Je dois aller à la Convention. La séance va commencer. Je parlerai de toi à Robespierre.

Tallien se leva aussitôt. Il n'aimait pas demeurer trop longtemps au même endroit. Au moment de franchir la porte, il se retourna.

— Parle de Thérésa. C'est elle qu'il faut sauver.

*Section des Tuileries*
*Jardin de la Convention*

Le soleil approchait du zénith quand l'escorte de Robespierre, guidée par Hanriot, s'approcha de l'entrée de la Convention. Près du grand bassin, des ouvriers, torse nu, démontaient les derniers décors de la fête de l'Être suprême. Un groupe de portefaix tenaient à bout de bras une statue de déesse représentant la Vertu.

La fête avait eu lieu deux mois auparavant, mais on avait tardé à ôter la grandiose scénographie imaginée par David. Le dimanche, on venait en famille pour visiter ce lieu désormais fameux où Robespierre avait décrété que la République serait spirituelle ou ne serait plus.

Un sourire moqueur à ses lèvres épaisses, Hanriot regardait passer la statue aux seins voilés. Comme beaucoup de révolutionnaires, Hanriot était un athée définitif.

Il avait soutenu les durs de la Révolution qui avaient fermé les églises, vidé les sacristies, dépecé les livres de messe et fondu les ciboires. Il n'était pas allé aussi loin que Fouché qui, lui, avait fait raser jusqu'aux croix des cimetières, mais il considérait qu'une nation, pour être véritablement libre, devait vivre sans prêtres et sans dieux. Or l'Incorruptible en avait décidé autrement.

Discrètement, Hanriot observait Maximilien. Il se souvenait du moment où il l'avait aperçu pour la première fois, petit député d'Arras au corps frêle et à la voix pâle. Jamais il n'aurait parié un sou sur lui. Or, en moins de quatre ans, il avait mis une royauté à terre, ses adversaires à la fosse commune et, après avoir tout détruit, venait de créer un dieu dont il s'était érigé le grand prêtre. Hanriot s'épongea le front. Parfois la tête lui tournait. Qu'allait faire Robespierre maintenant ?

*La Convention*

Fouquier-Tinville venait de pénétrer dans la galerie où se pressaient des députés pour entrer en séance. Comme d'habitude, il était suivi d'un commis qui portait ses dossiers. Les élus de la Nation, qui n'avaient pas encore rejoint leurs bancs, s'écartaient devant cet étrange cortège. Une voix anonyme laissa tomber :

— Voici Satan qui vient chercher son tribut d'âmes.

L'accusateur public ne réagit pas. La plupart des députés le détestaient parce qu'il avait fait tomber la tête de Danton. Ces lâches oubliaient que c'étaient eux-mêmes qui, en l'abandonnant, l'avaient envoyé à la mort. Fouquier se tourna vers son commis :

— Ralentis le pas.

Il savait que son passage ravivait les peurs et surtout les interrogations morbides. Dans la pile de dossiers, combien y avait-il d'ordres d'accusation ? Et qui concernaient-ils ? Un petit groupe d'élus se tenait près d'une porte de service. Fouquier les dévisagea avec attention, comme s'il cherchait sa future proie pour l'envoyer à l'échafaud. Déjà des échines devaient se courber, des ventres se nouer. Ils étaient tous des députés du Marais : le fourre-tout vaseux des lâches et des indécis de la Convention. Ceux qui votaient en suivant le vent, même mauvais, de peur d'être à leur tour balayés dans le sang. Fouquier se retourna vers son commis, masquant de ses larges épaules ce qu'il allait entreprendre. Il saisit un dossier à la tranche bleue et le plaça en haut de la pile. Il avait un message à faire passer.

— Quand tu seras au niveau des députés, trébuche et arrange-toi pour que le premier dossier tombe.

L'accusateur public se retourna et pressa le pas. Comme il arrivait près de l'antichambre du Comité de salut public, il entendit un bruit de chute, suivi d'un tumulte. Il n'avait pas apprécié que Thérésa lui tienne tête. Sur le premier dossier était marqué le nom de… Tallien.

*Jardin de la Convention*

Robespierre s'était arrêté pour contempler le lieu où, devant une foule immense, il avait prononcé le discours fleuve qui avait changé la face de la Révolution. Désormais la République reconnaissait l'existence d'un principe supérieur, transcendant et éternel : l'Être suprême.

— Citoyen, il faut y aller, l'interrompit Hanriot. Ce n'est pas bon de rester immobile : on peut rapidement devenir une cible.

Maximilien ne bougea pas et regarda les ouvriers démonter l'estrade où il avait parlé. Personne n'avait compris son obstination. D'un côté, on déportait les prêtres et on pillait les églises, de l'autre on créait une nouvelle religion. C'était absurde, dangereux, suicidaire… Voilà ce qu'on n'avait cessé de lui répéter. Inquiet, Hanriot se faisait pressant.

— Citoyen, on vous attend pour votre discours.

L'Incorruptible hocha la tête. Des manœuvres, qui travaillaient à l'entrée du palais, ôtèrent leur chapeau sur son passage. Plusieurs mirent la main sur le cœur en signe d'hommage. Gêné, Robespierre leur répondit à peine. Il détestait ces marques de dévotion personnelles. Un peuple libre ne doit pas avoir d'idoles. Après la mort violente de Marat, il avait été écœuré de voir apparaître des portraits du tribun devant lesquels des femmes voilées allumaient des cierges comme pour un martyr. Il avait toujours méprisé la superstition, ce vice de la royauté défunte. Ce qu'il voulait, lui, c'était une divinité qui libère, pas un dieu qui enchaîne. Il se tourna vers Hanriot.

— Et toi, pourquoi crois-tu que j'ai instauré le culte de l'Être suprême ?

— Je l'ignore, citoyen, éluda le commandant de la garde nationale. Mais ce que je sais, c'est que vous incarnez le peuple, et le peuple a toujours raison.

*La Convention*

Pendant ce temps, Fouquier-Tinville venait d'entrer dans l'antichambre du Comité. Un des secrétaires de séance, les traits tirés par le manque de sommeil, s'approcha.

— Le député Saint-Just vient de partir pour rejoindre Robespierre. La réunion a été très intense. Les membres du Comité tentent de prendre un peu de repos.

Sans répondre, Fouquier entrouvrit la porte de la salle de réunion. Les rideaux venaient d'être tirés, mais on devinait une forme sur une table encore éclairée par un bout de chandelle. L'accusateur public reconnut Collot. L'ancien comédien avait la joue maculée d'encre, une tache noire qui jurait avec ses cheveux couleur de cendre. Il avait dû s'endormir sur son discours. Fouquier retint ses pas sur le parquet. Près de l'escalier qui montait à la bibliothèque, à l'abandon sur un sofa, Carnot ronflait, bouche ouverte. Pour échapper à la chaleur, il avait déboutonné sa chemise jusqu'au nombril, révélant un torse quasi imberbe.

Le visage de l'accusateur public prit une expression de bonheur farouche. Une idée insolite venait de le happer. Et si on obligeait les condamnés à ôter leur chemise avant de passer sur l'échafaud ? Ou mieux, si on les exécutait nus ?

Rien de tel pour leur faire perdre toute dignité.

Il se demanda s'il devait en parler à l'Incorruptible.

*Jardin de la Convention*

Robespierre détestait être incompris. C'était une de ses faiblesses. Pourtant, il ne revint pas sur les raisons qui l'avaient poussé à décréter le culte de l'Être suprême. À quoi bon expliquer que le peuple avait besoin de croire en un principe supérieur pour supporter les sacrifices incessants que lui imposait la République ? Car qui payait le prix du sang et de la misère ? Pas les députés qui jacassaient, les riches qui se cachaient ou les affairistes qui prospéraient.

Il serra dans sa main les feuilles, sans cesse reprises, de son discours.

Il le préparait depuis des semaines.

Des nuits entières à faire crisser la plume sur le papier, à saisir les idées, à les ployer à sa volonté, à les ordonner, à les assembler en une machine de guerre qui anéantirait ses adversaires.

Ce serait son chef-d'œuvre.

Ou son testament.

*La Convention*

De la fenêtre de la bibliothèque, Fouquier-Tinville observait la Seine. Il se tourna vers l'horloge, encore marquée du symbole des fleurs de lys, et constata qu'il avait bien fait de venir tôt. Il avait beaucoup de travail, maintenant que Robespierre reprenait la main. Celui-ci voulait savoir avec précision tout ce qui s'était passé durant son retrait. Et vite. Tout devait être prêt pour le lendemain matin, en vue d'une réunion de travail avec Saint-Just. Fouquier se demanda si, en dessous, on venait de réveiller Collot et Carnot, et si eux aussi étaient rivés aux fenêtres.

Ils crevaient de peur.

L'absence de Robespierre leur avait fait passer des semaines de nuits blanches. L'ombre de l'Incorruptible se révélait plus redoutable que sa présence.

À la vérité, tous les membres du Comité avaient fini par s'abrutir de travail pour ne pas penser au pire. L'accusateur public tapota des doigts sur la vitre un air de musique. Ces imbéciles n'allaient pas durer longtemps. Dans Paris, l'Incorruptible tenait le peuple des sans-culottes – des dizaines de milliers de partisans –, prêts à déferler sur la Convention au moindre signe de leur idole. Sur les frontières, Saint-Just avait pris le contrôle des armées. Auréolé par ses victoires à répétition, il pouvait faire fondre ses troupes sur Paris à tout moment.

Le visage osseux de l'accusateur public se fendit d'un sourire. Avec Robespierre et Saint-Just, il était le bras armé de la trinité républicaine. Lui tenait le glaive tranchant de la Justice. Le Tribunal révolutionnaire était son œuvre : pas de critique, pas d'opposition. Une seule règle en trois points : arrestation, condamnation, exécution.

Si Robespierre décidait d'en finir avec ses adversaires, il ferait de la Seine un fleuve de sang.

*Section des Tuileries*
*Salle de la Convention*

— Par ici, par ici !

Tenant Éléonore par la main, Bonbon tentait de se frayer un passage à travers la cohue qui se précipitait vers les tribunes de la Convention. Tout Paris semblait s'être donné rendez-vous. D'un geste rapide, Bonbon montra aux deux sœurs un soleil dardant ses rayons, sculpté en saillie sur un mur.

— Voilà un signe favorable pour le discours de Maximilien ! Vous savez ce que c'est ?

Malgré la foule qui la pressait de toute part, Babeth répondit aussitôt.

— Non, dites-nous, vite.

— Le symbole de Louis XIV. C'est lui qui a fait construire le théâtre où se trouve la Convention. Imaginez sa tête s'il voyait qui l'occupe aujourd'hui !

Plus on s'approchait de la tribune centrale, située face à l'estrade où se tenaient le président de séance et l'orateur, plus l'afflux devenait dense. Bonbon bouscula un loqueteux qui tentait de descendre en sens inverse. Ce malheureux avait sans doute gardé toute la matinée une place pour plus nanti que lui. Même pour assister à un discours de Robespierre, le chantre de l'égalité, puissance de l'argent et hiérarchie sociale régnaient toujours. La Révolution n'était pas terminée.

— On monte au dernier niveau, annonça Bonbon. Même si on y voit de plus loin, on y entend beaucoup mieux.

Éléonore s'agrippa au frère de Maximilien. Elle se sentait comme emportée par un flot qui la dépassait. Et surtout, elle avait peur de perdre Babeth. Depuis qu'elle avait accouché, elle surprotégeait sa cadette. Un groupe de sans-culottes s'avança pour leur ouvrir un passage.

— Place aux sœurs Duplay, les amies de l'Incorruptible !

— Vous avez vu, souffla malicieusement Bonbon. C'est vous qu'ils ont reconnues, pas moi !

Éléonore rougit. Elle détestait la notoriété.

— Dépêchons-nous, nous allons rater l'entrée de Maximilien.

— Pas de risque, j'entends Barère qui parle, répliqua Bonbon. Et quand il a la parole, il n'est pas près de la lâcher !

Enfin, ils arrivèrent à la tribune haute qui dominait toute la longueur de l'Assemblée. La plupart des places semblaient déjà prises, mais Bonbon leur en trouva deux dans l'angle gauche.

— Le meilleur endroit pour une vue d'ensemble. D'ailleurs, regardez devant vous.

Assis sur le rebord, les pieds pendant dans le vide, un dessinateur croquait avec soin la salle des débats. Il venait de finir l'estrade où se tenait le président et attaquait les travées des députés. Ce n'était pas la première fois qu'Éléonore se rendait à la Convention, mais la première où elle pouvait voir la salle dans son entier. Ce qui la frappait, c'était le bruit. L'orateur parlait dans un vacarme étourdissant. Des députés n'arrêtaient pas de se lever pour intervenir, tandis qu'un tumulte, pareil à un orage tournant, s'échappait sans cesse des tribunes. Après avoir installé Babeth tout essoufflée, Bonbon se rapprocha en souriant.

— Qu'ils en profitent, quand Maximilien entrera, tout se taira. En attendant, permettez-moi de faire les présentations. Regardez sur votre droite : celui qui parle, c'est Barère.

Éléonore se pencha pour mieux voir, mais tout ce qu'elle distinguait, c'était une chevelure claire sur une redingote gris pommelé, laquelle faisait de grands gestes comme en plein théâtre de rue.

— Est-ce un ami de Maximilien ? demanda Éléonore, qui ne s'intéressait pas à la politique.

Bonbon éclata de rire.

— Barère n'a qu'un ami, lui-même ! Oubliez-le. Regardez plutôt du côté des députés.

Babeth intervint.

— Là, dit-elle en montrant du doigt les premiers rangs, c'est la Plaine.

— Qu'on appelle aussi le Marais, précisa Bonbon. Et ce n'est pas un compliment. Plus on s'y enfonce, plus on s'y perd.

Décapité par l'exécution de Danton et de ses amis, le Marais, qui regroupait les modérés de la Révolution, vivait dans la terreur d'une nouvelle purge.

— Ils votent pourtant pour Maximilien, non ? demanda Éléonore.

— Ils votent parce qu'ils ont peur. Et ils ont de plus en plus peur. C'est ce qui désormais les rend dangereux.

Babeth leva la main vers le haut de l'Assemblée.

— Et voilà la Montagne !

Babeth connaissait bien les forces en jeu à la Convention, car elle avait épousé un député, Philippe Le Bas.

— Tous des amis de Robespierre, affirma-t-elle en essayant d'apercevoir son mari dans les travées de gauche.

Bonbon ne réagit pas. Il savait que l'unité de la Montagne autour de Maximilien n'était qu'une apparence. Deux lignes de fracture la traversaient en profondeur. D'abord, le culte de l'Être suprême qu'un nombre croissant de députés critiquaient de plus en plus ouvertement. Ensuite, les représentants en mission, Barras, Tallien, Fouché, dont Robespierre voulait voir la tête sous le couperet, et qui conservaient de nombreux appuis à la Convention.

À la tribune, Barère venait enfin d'obtenir le silence.

— J'ai une nouvelle d'importance à vous communiquer. Nos armées viennent de s'emparer d'Anvers !

L'Assemblée entière se leva, soudée en une seule acclamation aussitôt suivie par les cris de joie des tribunes qui résonnèrent sous les voûtes.

— Les troupes anglaises et hollandaises sont en déroute. La Belgique est à nous !

Babeth se jeta dans les bras d'Éléonore pour l'embrasser. Depuis un mois, les armées de la République remportaient succès après succès. Saint-Just pouvait être fier : non seulement il avait sauvé la République de l'invasion étrangère, mais il avait réussi à porter le fer jusque dans les territoires ennemis.

Sur l'estrade, face aux députés, Barère venait d'inviter un jeune soldat à s'approcher. En un instant, il déploya un drapeau pris à l'adversaire qu'il brandit comme un trophée.

— Maximilien va arriver en plein triomphe, s'enthousiasma Éléonore.

— Oui, Barère lui chauffe la salle, commenta Bonbon. Reste à savoir si ça va être utile.

Des deux côtés de l'Assemblée, l'enthousiasme ne faiblissait pas. La Plaine et la Montagne étaient enfin réunies dans la même ferveur. On se félicitait, on se congratulait, on s'embrassait… Bonbon, lui, demeurait silencieux. Tandis que des tribunes montait une ovation unanime, il fixait d'un œil inquiet les députés en liesse. Contrairement à Éléonore, il craignait que le discours de son frère, qu'il pressentait dur et austère, ne brise l'allégresse générale.

— Eh bien, Bonbon, vous ne vous réjouissez pas ?

Les deux sœurs Duplay se tenaient par la taille en riant. Autour d'elles, les applaudissements éclataient par salves de plus en plus fortes. Sur l'estrade, Barère venait de saisir un angle du drapeau et le portait sur son cœur. Aussitôt, les dessinateurs se mirent tous à crayonner avec frénésie. L'image du jour était trouvée. Barère en annonciateur de la victoire. Dès le lendemain, on la vendrait dans tout Paris.

— Ah ! il se place toujours bien, celui-là, lâcha Bonbon à voix basse. Quel comédien !

Subitement, la fièvre tomba. Derrière la tribune, comme des ombres, venaient de passer les membres du Comité.

— C'est Carnot, dit une voix. Il a la mine des mauvais jours. L'armée vole de victoire en victoire depuis que c'est Saint-Just la dirige.

— Tu n'as pas vu celle de Collot, un vrai enterrement ! Et en plus, c'est lui qui doit présider quand l'Incorruptible va parler.

Un grincement les fit taire. Couthon venait d'arriver dans son fauteuil roulant. Deux assesseurs prirent le paralytique par les épaules et l'installèrent sur le banc le plus proche de l'estrade. Barère, lui, regagna sa place, tout sourire. Il avait eu ce qu'il voulait : sa minute de gloire.

Collot s'installa à la place de président, saisit la clochette de séance et la fit tinter. Un silence absolu tomba.

— La parole est à Robespierre.

*Section des Tuileries*
*Salle de la Convention*

Robespierre se lève de sa place. Sa chevelure poudrée est comme un fin nuage blanc qui passe entre les visages graves. L'enthousiasme déclenché par l'annonce de la victoire d'Anvers s'est volatilisé. Même Barère a perdu son sourire. Maximilien avance, le regard droit, la démarche lente et souple. Jamais il n'a mieux mérité son surnom de chat-tigre. À la tribune, le président tapote son pupitre des doigts, sans doute pour masquer le tremblement de ses mains. Il ne doit pas être le seul. Six semaines que l'Incorruptible n'est pas revenu dans l'enceinte de l'Assemblée, six semaines que les rumeurs les plus angoissantes courent, six semaines que le Comité affolé coupe les têtes à tout-va, six semaines que l'on n'attend qu'une seule chose : que Robespierre parle.

Il porte son discours roulé sur sa poitrine. David, qui est dans la salle, regrette de ne pas avoir pris de quoi dessiner. Robespierre ressemble à un tribun de la Rome antique qui s'apprête à faire tomber la foudre sur le sénat. L'Incorruptible n'est plus qu'à quelques pas. Il prend son temps. L'attente fait monter la tension, c'est ce qu'il cherche. Dans les travées, Carnot passe son index dans le col de sa chemise. La pesanteur est insupportable. À ses côtés, Cambon, qui s'occupe des finances, sue à grosses gouttes. Il ne sait pas si c'est de chaleur ou de peur.

Dans les tribunes, Éléonore et Babeth se tiennent par la main. Bonbon regarde son frère qui monte sur l'estrade, prend place, déplie les feuilles de son discours. Il chausse ses lunettes, puis les enlève. Ses yeux verts se posent sur l'Assemblée. Chacun se demande qui il regarde.

Il frappe son pupitre.

Il va parler.

Sa voix est si basse au début, presque un murmure, qu'on ne comprend pas bien ce qu'il dit. Mais une phrase surgit, que tout le monde entend.

— Par la seule force de la vérité, je vais dévoiler des abus qui tendent à la ruine de la patrie…

Au mot « abus », des gorges se nouent. Qui n'a pas profité de son statut de député ? Qui n'a pas usé de passe-droits ? Qui ne s'est pas servi de la main gauche ? Mais pour autant, Robespierre ne laisse pas planer la menace.

— … et je vais les dévoiler pour défendre la liberté violée et votre autorité outragée.

Robespierre insiste habilement sur le mot « votre ». Bonbon sourit. En se posant comme le protecteur de toute la Convention, son frère se libère les mains pour pouvoir attaquer ses véritables ennemis.

— Est-ce nous qui avons plongé les patriotes dans les cachots et porté la terreur dans toute la société ? Non, ce sont les monstres qui nous ont accusés.

L'Incorruptible reprend :

— Est-ce nous qui avons déclaré la guerre aux citoyens paisibles, pour trouver partout des coupables et rendre la Révolution redoutable au peuple même? Non, jamais, ce sont les monstres que nous avons accusés!

À chaque nouvelle phrase, l'Assemblée respire mieux. Tout le monde comprend que ce sont les membres du Comité de salut public, et surtout les représentants en mission, qui sont attaqués. Du regard, on cherche Tallien, Barras, Fouché. Ils ne sont pas là.

— Est-il vrai qu'on ait colporté des listes odieuses pour désigner comme victimes un certain nombre de membres de la Convention?

L'Assemblée se tait.

— Est-il vrai qu'on ait cherché à persuader un certain nombre de représentants irréprochables que leur perte était résolue?

Beaucoup hochent la tête.

— Est-il vrai que l'imposture ait été répandue avec tant d'art et d'audace qu'un grand nombre de membres n'osent plus habiter la nuit leur domicile?

Là, personne ne réagit. Avouer sa peur, c'est se reconnaître coupable. Mieux vaut être prudent.

— Et qui accuse-t-on de cette persécution?

Robespierre se frappe la poitrine.

— Aux aristocrates, on dit : « C'est lui qui vous a proscrits! » Aux catholiques, on dit : « C'est lui qui a détruit la religion! » Aux patriotes persécutés, on dit : « C'est lui qui l'a ordonné! » Lui qui? Robespierre!

Galvanisé, David se lève et applaudit. Aussitôt suivi par la Montagne. La Plaine, qui ne veut pas être en reste, redouble de vivats. En se présentant comme un martyr de la République, une tactique récurrente chez lui, l'Incorruptible sait comment gagner le cœur de la Convention.

— La Révolution française est la première qui ait été fondée sur la théorie des droits de l'humanité et sur les principes de la justice. Les autres révolutions n'exigeaient que de l'ambition ; la nôtre, elle, impose des vertus.

Il ne laisse pas aux députés le temps de réagir à ce dernier mot.

— Oui, elle existe, cette vertu... cette passion tendre, impérieuse et irrésistible... cette horreur profonde de la tyrannie... ce zèle compatissant pour les opprimés...

Debout dans la tribune, Bonbon s'enthousiasme. Son frère est lancé. Son triomphe est désormais assuré. Dès le lendemain, son discours sera envoyé à toute la France. Pas une ville, un village, un hameau, qui ne connaîtra la parole de l'Incorruptible. De nouveau, la Nation va vibrer à l'unisson de la véritable Révolution. Celle qui conjugue liberté et égalité sous les auspices du grand Rousseau.

— Oui, elle existe, cette ambition généreuse de fonder sur terre la première république du monde !

Une nouvelle fois, un tonnerre d'applaudissements résonne, monte de niveau en niveau, jusqu'à faire vibrer les larges fenêtres qui donnent sur le jardin de la Convention.

— Je sais que vous la sentez en ce moment qui brûle dans vos âmes. Je la sens dans la mienne.

À ce moment, la Convention et l'Incorruptible ne font qu'un. Sur la tribune, l'orateur vient de poser son discours. Plusieurs députés se dressent, prêts à applaudir, mais, à la surprise générale, Robespierre lève la main. Déjà une heure de discours, mais il n'en a pas terminé.

— J'ai besoin d'épancher mon cœur...

Bonbon se fige. Il a toujours peur quand son frère dit « je » dans un discours. Il a peur que l'homme ne l'emporte sur le politique, l'orateur sur le tacticien, Maximilien sur Robespierre.

L'Assemblée retient sa respiration. On scrute le visage de l'Incorruptible. On cherche des traces, des signes… Et s'il était malade ? Il a été absent des semaines. Et s'il abandonnait la politique ? Mais la voix qui enfle déjà dit tout le contraire.

— La vérité, c'est que partout on conspire… on cherche à séduire les fonctionnaires… on sème sourdement la discorde… on désarme les citoyens.

Après avoir donné de la patte de velours, le chat-tigre brusquement sort ses griffes.

— Qui ?… Ah, je n'ose les nommer dans ce moment et dans ce lieu !

Au pupitre de la présidence, Collot blêmit sous la menace. Toute l'Assemblée attend des noms. Certains les espèrent même. Dans tout sacrifice, il faut des boucs émissaires pour apaiser la colère du dieu offensé. Des regards inquisiteurs commencent à tomber sur Carnot, Barère…

Robespierre vient de réveiller la peur. Une peur contenue depuis des mois, mais qui lacère toutes les consciences, angoisse tous les esprits. En quelques mots qui tournoient comme une menace, Maximilien vient de la rendre insupportable.

Brusquement, la discussion s'emballe. On s'écharpe sur un détail : faut-il ou non imprimer le discours de Robespierre ? Barère le réclame, Couthon l'exige. Les députés hésitent, renâclent, puis certains s'y opposent. Violemment. Une voix, celle de Billaud, frémissante de colère, s'écrie :

— Il est temps de dire la vérité…

L'Assemblée commence à murmurer. Jamais on n'avait contesté l'impression d'un discours de l'Incorruptible ! Cambon, qui se sent menacé depuis des semaines, éclate à son tour :

— Un seul homme paralyse la Convention nationale ; cet homme, c'est Robespierre !

Un autre député, Panis, largement soupçonné de corruption, perd son sang-froid et hurle :

— Je veux que Robespierre dise s'il a proscrit nos têtes, qu'il dise si la mienne est sur la liste qu'il a établie !

Maximilien se dresse. S'il veut que ce désordre cesse, il doit parler, mais il refuse de s'expliquer. S'en prendre à lui, c'est s'attaquer à la République, et la République n'a pas à se justifier.

— On ne tirera jamais de moi une rétractation. Je n'ai flatté personne, je ne crains personne, je n'ai calomnié personne.

Le député Charlier intervient. C'est un homme respecté – il a institué l'enseignement secondaire obligatoire –, à l'intégrité reconnue et à la discrétion notoire. Pourtant sa voix, cette fois, est accusatrice :

— Quand on se vante d'avoir le courage de la vertu, il faut avoir celui de la vérité. Nommez ceux que vous accusez !

D'un coup, unie par le courage retrouvé, la Convention se lève d'un bloc :

— Nommez-les !

Robespierre tente de répliquer, mais déjà on ne l'entend plus. Alors il croise les bras, tourne le dos et, comme un empereur qui méprise les cris de la plèbe, quitte la salle.

Dans le jardin, un petit groupe chemine lentement. En tête, Robespierre et Saint-Just, suivis de Couthon dont Bonbon pousse la chaise roulante. Les roues cerclées de fer crissent sur le sable sec. Fermant la marche,

Éléonore et Babeth rabattent leur chapeau sur leur front pour se protéger du soleil qui commence à s'appesantir sur la Seine.

— Je parlerai à la Convention demain, annonce Saint-Just, mais d'abord je verrai les membres du Comité. Ils m'écouteront.

Maximilien ne répond pas. Il entend encore les cris des députés. Il a connu le mépris, les insultes, les menaces, mais pas ces hurlements de bêtes acculées et déchaînées. Il tient encore entre les mains les feuilles de son discours inutile. Il sait que derrière lui son frère et Couthon s'interrogent. Quelle stratégie préparer ? Quelles alliances relancer ? Ils pensent en politiques. C'est leur rôle, leur destin.

Pas le sien.

Cela fait cinq ans qu'il défend la Révolution, corps et âme, deux ans qu'il incarne la République au plus profond de lui-même. Il n'a plus que le choix de vaincre ou de mourir.

Maximilien regarde la Seine. Le soleil disparaît lentement, tachant le fleuve de reflets de sang.

*Section des Tuileries*
*320, rue Saint-Honoré*

Les députés se pressaient en nombre dans l'appartement de Barère. Comme chaque mercredi, l'orateur donnait un dîner pour ses amis de la Convention. Un public habilement sélectionné, où l'on retrouvait aussi bien des députés du Marais que de la Montagne. Bertrand avait cette facilité, devenue rare, d'inspirer confiance. Nul ne connaissait ses véritables opinions politiques – lui sans doute moins que quiconque –, mais il avait la réputation d'être aussi à l'aise pour festoyer avec Barras que pour philosopher avec Robespierre. Pour beaucoup, il était le modèle absolu du caméléon, ce que prouvait d'ailleurs son étonnante longévité politique. Il avait survécu à toutes les purges, mais les cimetières de Paris débordaient de proches qu'il avait envoyés à l'échafaud. D'ailleurs, à force de faire de la place autour de lui, il avait fini par se retrouver au sommet du pouvoir. Aussi bien à la Convention qu'au Comité, il était devenu la voix qui pouvait faire basculer une décision, le pivot invisible autour duquel tout finissait par tourner.

Le grand salon, vêtu de boiseries dorées et habillé de sofas soyeux, ressemblait à un intérieur féminin. Cela plaisait aux députés, souvent éloignés de leurs familles. Dans cet écrin, préservé de la violence du dehors, on se laissait aller aux confidences. Barère en avait la primeur et les utilisait avec soin. Virevoltant parmi ses invités, il écoutait avec attention, souriait beaucoup et parlait peu. Il gardait ses talents d'orateur pour la tribune de la Convention. En revanche, il savait favoriser les rencontres opportunes et rendre compatibles des caractères en apparence contradictoires. Une qualité très appréciée en ces temps de plus en plus incertains.

— Chers amis, je vous souhaite la bienvenue dans ma modeste demeure.

D'un geste, il montra les dorures qui scintillaient aux fenêtres et les angelots de marbre aux angles du plafond peint.

— À mes amis du Marais, cet intérieur rappellera leurs amours anciennes…

Les députés du centre frémirent : beaucoup avaient frayé avec la cour de l'ancien roi au début de ce qui n'était pas encore une révolution. L'insinuer ainsi était une provocation, mais Barère pouvait se le permettre.

— Quant à mes amis de la Montagne, ils pourront admirer ce qu'ils n'auront jamais. À part certains, bien sûr…

Les partisans de l'Incorruptible accusèrent le coup. Si la plupart étaient d'une intégrité totale, certains avaient su profiter des événements. Des aristocrates avaient payé à prix d'or le droit de vivre et de fuir la France. Des poches en soie s'étaient vidées, d'autres s'étaient remplies. Une corruption que Robespierre voulait désormais anéantir sans délai.

Une fois de plus, Barère sourit.

Il avait bien choisi ses convives du jour. Entre ceux qui avaient un passé gênant à faire oublier et d'autres un avenir profitable à préserver, tous partagaient un impératif commun : demeurer en vie à tout prix.

— Puisque les présentations sont faites, nous allons passer à table. S'il y a des rétifs au gibier à plume et au vin de Bordeaux, je vous en prie, allez donc chez Maximilien, il y tient table ouverte avec de l'eau de pluie et des légumes verts.

Un éclat de rire général salua la plaisanterie. Même chez les fidèles de Robespierre, sa sobriété de table était tout sauf un exemple. On se moquait de ses repas frugaux, de ses petits déjeuners solitaires, de son bol de lait, de son quart de pain, le tout pris à la façon d'un ascète. On s'étonnait surtout de sa passion frénétique des oranges qu'il consommait à toute heure du jour comme une nécessité vitale. Barère se dirigea vers la salle à manger, saluant d'une main chaleureuse un député de province dont il avait oublié le nom, tapant sur l'épaule d'un parlementaire dont il tenait prêt l'ordre d'arrestation. L'un d'eux, anxieux, le saisit par la manche :

— On dit que Robespierre va faire un nouveau discours demain ? Cette fois il va donner des noms !

Barère n'eut qu'une phrase, dont il savait qu'elle allait faire le tour de tout Paris. Jusqu'à la rue Saint-Honoré.

— Je n'attends que cela !

Aussitôt le salon se mit à vrombir comme un rucher. Tous les invités commentaient les réactions au discours de l'imprécateur. Pour la plupart, tout cela n'était qu'un simple soubresaut sans conséquence. Pour d'autres, l'Assemblée venait enfin de se réveiller d'une torpeur mortelle. Tous, en revanche, redoutaient le retour de bâton de l'Incorruptible. Sa susceptibilité était notoire : il n'était pas homme à laisser passer un tel affront.

— Vous croyez qu'« il » va faire appel aux Jacobins ?

— Et s'« il » soulevait Paris ?

— On dit que Saint-Just va faire marcher des troupes sur la capitale.

Barère s'enchantait de ses spéculations. Lui qui avait la réputation d'un homme de consensus, il adorait l'incertitude qui se développait. Là où les autres voyaient le risque du chaos, lui apercevait un horizon d'opportunités. Maintenant que la crise était publique, la confrontation devenait imminente. À lui de la rendre inévitable.

Barère repéra Tallien qui se tenait en retrait. L'ancien représentant en mission n'était pas convié, mais Barère avait pour principe de toujours ajouter une dizaine de noms à la liste officielle des invités.

La liste des morts en sursis.

— Il paraît que tu as fait une visite impromptue à David, ce matin ? Tu lui as demandé de faire ton portrait ? Dépêche-toi, sinon il risque de peindre une nature morte.

Tallien encaissa sans répondre. Bertrand reprit :

— Bien sûr, si je suis déjà au courant de cette rencontre, tu imagines bien que notre ami de la rue Saint-Honoré l'est aussi. Le problème avec Maximilien, c'est qu'il voit le mal partout. Je suis sûr qu'il se demande déjà ce que tu trames avec David…

— Tu sais que Thérésa…

Barère eut un geste de lassitude.

— Tu fatigues tout le monde avec ton aristocrate emprisonnée… Crois-moi, trouves-t'en une autre.

— Je suis seulement venu demander à David de parler à Robespierre en sa faveur.

L'éclat de rire de Barère fit trembler jusqu'aux pierreries en cristal du lustre.

— Et tu crois qu'il va le faire ? Tu es naïf à ce point ? Demander un service à Robespierre, c'est se condamner à mort. Il déteste ça. Personne n'ira s'entremettre pour personne.

Tallien fit un geste vers l'intérieur de sa veste. Tout le monde savait qu'il portait un poignard.

— Arrête de faire l'acteur ! s'exclama Barère. Tu es pire que ce pauvre Collot – comme si c'était possible !

La main de Tallien saisit le manche de l'arme blanche dissimulée dans la doublure.

— Je jure que s'il arrive quelque chose à Thérésa…

— Tu seras mort avant, imbécile !

Cette fois Tallien sentit son courage l'abandonner. Non seulement il était perdu, mais il était ridicule.

— Écoute-moi bien, reprit Barère en l'attirant dans l'embrasure d'une fenêtre. Si tu veux survivre, fais-toi oublier. Fais comme Fouché, deviens invisible.

L'ancien représentant en mission fit la grimace. Même s'il le défendait en public, il n'aimait pas Fouché. Avec son regard aussi fuyant que de l'eau et sa voix de confesseur, ce prêtre renégat ne lui inspirait aucune confiance.

— Je ne vais quand même pas me terrer comme ce tonsuré !

— Alors tu seras de la prochaine fournée, avec ton ami Barras.

Deux députés qui venaient d'entrer saluèrent Barère. Ce dernier leur répondit par une volée de sourires.

— Tu veux dire que je suis sur la liste ?

Barère ne répondit pas. Il regardait ses invités qui prenaient place autour de la table. Combien seraient encore en vie à la fin de la semaine ?

— Je t'en prie, je suis sur la liste ?

— Non…

Tallien s'appuya contre le mur.

— … tu es en tête.

Barère lui tapota l'épaule en souriant. À la vérité, Tallien n'était sur aucune liste, mais il avait besoin que l'amant de Thérésa le croie. La peur allait le rendre imprévisible. Et s'il faisait une erreur, c'est lui qui attirerait la foudre. Un véritable paratonnerre ambulant qui, malgré lui, allait protéger tout le monde. Barère colla sa bouche à l'oreille de Tallien.

— Et maintenant, je vais te dire ce qui va vraiment se passer demain, quand Saint-Just et Robespierre auront fini de parler…

En écoutant la révélation, Tallien manqua de s'effondrer.

— Je te l'ai dit. Le mieux c'est que tu disparaisses.

Tallien balbutia un remerciement et se volatilisa par la première porte. Barère le regarda s'enfuir. Jeune, il avait adoré le billard. Pouvoir d'une seule boule en frapper deux le fascinait. Ce jour-là, il savait pourquoi. D'un geste, il fit accourir un député de la Montagne.

— Tu retournes à la Convention ?

— Oui, sitôt le dîner terminé.

— Tu verras Saint-Just ?

— Bien sûr, il sera au Comité.

Barère le conduisit dans la même embrasure où il avait entraîné Tallien.

— Je peux te confier un message ?

Le député jeta un regard rapide dans le salon avant d'acquiescer.

— Je viens de voir Tallien. Dis à Saint-Just qu'il se méfie. Il prépare quelque chose.

*Section des Tuileries*
*194, rue Saint-Honoré*

À la différence de Tallien, Barras ne changeait pas d'adresse tous les soirs. Il rentrait chez lui à heure fixe, convaincu que la régularité de ses habitudes rassurerait les « mouches » qui le suivaient. Il comptait sur sa réputation. On le disait jouisseur et prodigue : deux défauts qui, en temps de Révolution, pouvaient devenir des qualités susceptibles de vous sauver la vie. Pour l'avoir vue à l'œuvre, il savait que la police était invariablement attirée par la complexité – celle des intrigues et des complots. En revanche, elle se méfiait beaucoup moins d'un individu dont les vices étaient d'une simplicité éternelle, comme le jeu et le sexe. Ainsi, Barras était certain que s'être rendu dans une maison de jeu, après avoir rencontré l'Incorruptible, donnait de lui l'image d'un homme en proie à ses passions irrépressibles. Pas du tout celle d'un conspirateur.

Assis face à la fenêtre, Barras contemplait deux bourses particulièrement amaigries. C'est tout ce qui restait de sa fortune. Ceux qui prétendaient qu'il s'était enrichi dans le pillage de Toulon le connaissaient mal : l'argent volé le fuyait aussi vite que l'argent propre. Barras, depuis toujours, ne savait ni compter ni négocier.

D'un geste lent, il transvasa la majeure partie du contenu de la première bourse dans la seconde, qui servirait à payer les informations du Palais-Royal. Il compta ce qui restait dans la première. Désormais, son avoir ne se montait plus qu'à quelques pièces. À peine de quoi tenir une semaine. L'ancien vicomte ne s'en inquiéta pas. De toute façon, soit il échappait à la persécution de Robespierre, et il trouverait bien le moyen de se refaire, soit il passait devant le Tribunal révolutionnaire, et l'argent deviendrait le cadet de ses soucis.

Après avoir fait une pile de ses dernières pièces, il se leva et prit un fascicule dans la bibliothèque. C'était une brochure non reliée qui portait pour titre : *Almanach des demoiselles de Paris, de tout genre et de toutes les classes, ou Calendrier du plaisir pour l'année 1792.*

S'il devait mourir le lendemain, autant employer ses ultimes deniers à une partie de plaisir, d'autant que le fascicule annonçait donner tous les détails de ces belles de jour : « Leurs noms, demeures, âges, tailles, figures, et leurs autres appas ; leurs caractères, talents, origines, aventures… » Et surtout, par ces temps de vaches maigres : « Le prix de leurs charmes. »

Une première description l'arrêta. Il s'agissait de la fille Meunier, rue Croix-des-Petits-Champs, au numéro 38. Elle était présentée comme de « taille moyenne, blonde assez fraîche, dents fraîches », mais avec un « accent gascon ». Ce dernier détail le fit renoncer : les mots crus supportaient mal les intonations de province. Un peu plus loin, une autre description, si elle ne le tenta pas, le mit en joie :

« Dupoirier, rue Neuve-des-Bons-Enfants, numéro 38, blonde de vingt ans, la première bouche enfoncée, la seconde vaste et profonde. Cette dame a un goût de prédilection pour les grands hommes. » Voilà ce qu'il fallait à ce puritain de Robespierre ! Qui sait, ce serait peut-être une révélation. À moins que, pour réveiller l'homme en Maximilien, il ne faille faire appel aux services spécialisés de la demoiselle « Ordèle, Palais-Royal, numéro 35, [qui] possède une collection très curieuse de pommades, fouets et autres meubles dans le dernier genre… 6 livres ». Une misère, pensa Barras, pour remettre l'Incorruptible d'aplomb !

Mais ce n'était pas ce que lui cherchait. Il avait besoin d'une nuit entière dévouée au plaisir, et pour cela une seule de ces demoiselles ne suffirait pas. Il lui fallait trouver une maison hospitalière, un « couvent », sous l'invocation de saint Priape, où de jeunes « nonnes » s'occuperaient de son cas sous la direction avisée d'une « mère abbesse » d'expérience.

Barras soupira. S'il y avait une chose qu'il ne pardonnait pas à la Révolution, c'était la disparition des maisons de plaisir. À vingt ans, il avait connu à Paris le « sérail » de Mme Gourdan où se pressait toute la cour. C'était la plus belle maison de Paris, la première du genre entièrement dédiée au plaisir sous toutes ses formes. Depuis les débauches de Rome, jamais on ne s'était autant ingénié à satisfaire les goûts des plus exigeants.

Avec émotion, Barras se souvenait de la « piscine », propice à tous les ébats, de la « salle des déguisements » où l'on pouvait se travestir en évêque ou en mendiant, du « laboratoire » où se trouvait la plus ahurissante collection de fouets et de verges, jusqu'à la « pharmacie », capable de fournir à tout moment pastilles de cantharide et autres bonbons prompts à réveiller les sens.

Il repensait à sa première visite. On l'avait introduit dans un grand salon où des jeunes filles jouaient de la harpe et du clavecin. La mère maquerelle était venue le chercher pour le faire asseoir face à un mur

Fête de l'Être suprême,
8 juin 1794.
© BnF

Robespierre.
© BnF

# LES AMIS

Louis Antoine Léon Saint-Just (1767-1794).

François Hanriot (1759-1794).

Antoine Quentin Fouquier de Tinville, dit Antoine Fouquier-Tinville (1746-1795).

Éléonore Duplay (1768-1832).

## LES ENNEMIS

Jean-Lambert Tallien (1767-1820).
© BnF

Paul Barras (1755-1829).
© BnF

Joseph Fouché (1759-1820).
© akg-images/Interfoto/Sammlung Rauch

Jacques-Nicolas Billaud-Varenne (1756-1819).
© Selva/Leemage

# LES LIEUX DE POUVOIR

La Convention.

Le club des Jacobins.

L'Hôtel de Ville. © Selva/Leemage

Le Tribunal révolutionnaire. © Whiteimages/Leemage

L'emblème du club des Jacobins.
© API/GAMMA-RAPHO

Plaque de section du district des Cordeliers.
© Musée Carnavalet/Roger-Viollet

# LE 9 THERMIDOR

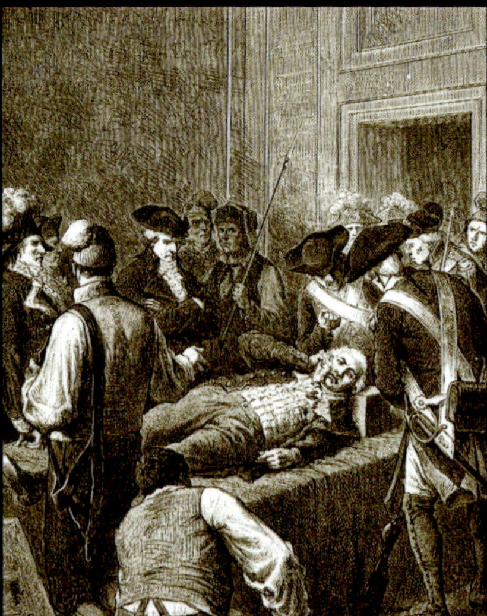

L'agonie.

Le combat parlementaire.

L'arrestation.

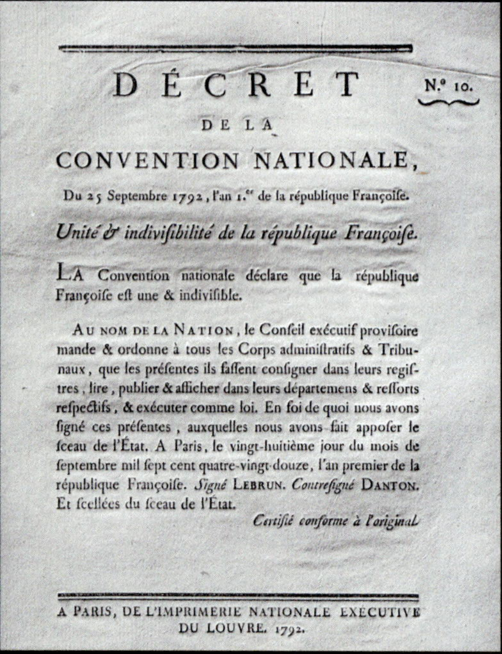

DÉCRET N.° 10.

DE LA

CONVENTION NATIONALE,

Du 25 Septembre 1792, l'an 1.er de la république Françoiſe.

*Unité & indiviſibilité de la république Françoiſe.*

LA Convention nationale déclare que la république Françoiſe eſt une & indiviſible.

AU NOM DE LA NATION, le Conſeil exécutif proviſoire mande & ordonne à tous les Corps adminiſtratifs & Tribunaux, que les préſentes ils faſſent conſigner dans leurs regiſtres, lire, publier & afficher dans leurs départemens & reſſorts reſpectifs, & exécuter comme loi. En foi de quoi nous avons ſigné ces préſentes, auxquelles nous avons fait appoſer le ſceau de l'État. A Paris, le vingt-huitième jour du mois de ſeptembre mil ſept cent quatre-vingt-douze, l'an premier de la république Françoiſe. *Signé* LEBRUN. *Contreſigné* DANTON. Et ſcellées du ſceau de l'État.

*Certifié conforme à l'original.*

A PARIS, DE L'IMPRIMERIE NATIONALE EXÉCUTIVE DU LOUVRE. 1792.

Décret du 25 septembre

magnifiquement lambrissé d'où pendaient une multitude de cordons de différentes couleurs. Elle lui tendit un catalogue intitulé le *Livre des beautés*, où était décrite chacune de ses pensionnaires, avec un luxe de détails à faire pâlir l'Arétin. De gourmandise, Barras plissa les lèvres, une réaction que l'entremetteuse, habituée à deviner les goûts de ses clients, interpréta comme de la déception. Elle lui tendit alors le *Livre des passions* où, pour deux écus, toutes les perversions, même les plus insensées, devenaient possibles. Barras, dépassé par tant de tentations, en choisit une au hasard. La mère maquerelle se leva, saisit un cordon et sonna. Et là…

Un hurlement, suivi d'un bruit de bottes, éjecta Barras de ses souvenirs. Il se leva aussitôt et se glissa à l'angle de la fenêtre. Sur le pavé, un groupe bruyant de sans-culottes escortait des policiers qui scrutaient les façades. L'un d'eux, équipé d'une lanterne, éclairait chaque porte. Ils n'étaient plus qu'à une cinquantaine de pas de son immeuble. S'ils venaient pour lui, il avait encore le temps de fuir. Il ouvrit les battants de la fenêtre et interpella le groupe en marche :

— Citoyens, je suis député à la Convention, que cherchez-vous dans cette rue ?

Surpris, le policier qui tenait la lampe s'arrêta et examina lentement la rangée de fenêtres où venait d'apparaître Barras avant de répondre.

— Nous avons un ordre d'arrestation que nous devons exécuter immédiatement.

Malgré lui, le député se retourna vers la porte. Moins d'une minute pour l'atteindre, encore moins pour descendre d'un étage et quelques secondes à peine pour se dissimuler dans l'entresol, là où le marchand du rez-de-chaussée entreposait ses soieries. S'il faisait vite, il pouvait encore leur échapper.

— Citoyen ?

La voix du policier se rapprochait. Barras réapparut. Il devait savoir.

— Qui venez-vous arrêter ? Je connais tout le monde dans la rue et…

— Nous ne donnons aucun nom. Vous-même, quel est le vôtre ?

Il fallait qu'il foute le camp. Une fois caché dans l'entresol, il pourrait ensuite dévaler jusqu'à la cour de service et disparaître. Pourtant, au lieu de s'enfuir, il répondit :

— Barras, Paul.

Le policier sortit une liste et approcha sa lampe. Les sans-culottes, eux, se postèrent devant l'entrée. Il ne leur faudrait que quelques secondes pour enfoncer la porte.

— Ce n'est pas vous que nous venons arrêter.

À l'annonce du verdict, Barras crut voir un étrange sourire sur le visage du policier.

— Bonne soirée, lâcha le député.

Il tenait encore dans sa main tremblante la brochure sur les filles du Palais-Royal. Désormais, il ne laisserait personne lui voler cette nuit.

*Section du Louvre*
*Palais du Louvre*

David se réveilla en sursaut. Il était épuisé. Ses nerfs trop tendus depuis des mois n'avaient pas supporté l'explosion de violence qui avait suivi le discours de Robespierre. Une fois rentré à son atelier, il avait demandé à son apprenti de tirer les volets et s'était effondré sur son sofa. Désormais, la nuit était tombée. Malgré la chaleur, il grelottait. Il tira une couverture, qu'il jetait sur ses épaules quand il travaillait tard, et se roula à l'intérieur. Il voulait qu'on l'oublie.

Quand il était sorti de la Convention, il avait été sidéré de voir le public quitter les tribunes en parlant et riant comme s'il sortait d'un théâtre. À croire qu'à part lui, personne ne se rendait compte de ce qui se passait. Pour la première fois, Robespierre avait été âprement contesté : l'impossible s'était produit. David tira la couverture sur son front. Il avait de plus en plus froid. « La Révolution est gelée », avait dit Saint-Just. Il avait raison. Le peintre en faisait l'expérience jusque dans son corps. À moins que ce ne soit la peur…

La poignée de la porte tourna brusquement. David sursauta. Il avait pourtant demandé à ne pas être dérangé. Et si on venait l'arrêter ? Et si les adversaires de Robespierre l'avaient renversé ? Et si l'Incorruptible était mort ? Et si à son tour… La voix empressée de son apprenti le fit sortir de ce cauchemar.

— Maître, quelqu'un demande à vous voir.

David se leva. Ça devait être Tallien qui venait aux nouvelles. Hors de question de le faire attendre. Sa cote venait subitement de remonter.

— Dites à Tallien que je vais le recevoir.

— Ce n'est pas lui, maître.

David se figea.

— Un policier ?

— C'est la question que je me pose, maître.

Enroulé dans sa couverture, le peintre arriva dans l'antichambre. Un garde national, sabre à la ceinture, lui fit signe d'approcher. David entendit son apprenti déguerpir derrière lui.

— On vous attend en bas, dans le grand atelier. Tout de suite.

Le peintre resta interdit. Depuis des années, il n'allait plus dans cet atelier. La main sur la poignée du sabre le dissuada de demander une explication. Le garde national salua et le laissa seul. Un instant, David pensa aller rassurer son apprenti, mais il devait déjà être loin. Dans quelques heures, la rumeur de son arrestation se répandrait partout. « La garde nationale a arrêté David ! » Il se demanda comment les gens réagiraient. Qui viendrait le voir en prison ? Son ex-femme ? Il se rendit compte que c'était le seul visage qu'il souhaitait voir s'il devait se retrouver un jour à attendre le bourreau.

Il posa sa couverture, jeta un œil dans le miroir juste à côté de la porte. Ses cheveux étaient collés à son front et ses yeux rougis par la fatigue. Qui que soit celui qui l'attendait, il ne lui ferait pas un bon effet. Il emprunta le couloir désert, puis l'escalier de service pour arriver au niveau de l'atelier.

Depuis la Révolution, de nouveaux artistes s'étaient installés dans l'aile du Louvre qui longeait la Seine, remplaçant les peintres officiels et autres sculpteurs pensionnés par Louis XVI. Le résultat ne s'était pas fait attendre : tous les artistes crevaient de faim. Les anciens parce qu'ils ne touchaient plus un sou, les nouveaux parce qu'ils n'avaient pas une seule commande : on fait rarement sculpter le buste de sa femme ou peindre son propre portrait quand on risque, chaque jour, de passer sous la guillotine. En conséquence, de nombreux ateliers étaient à l'abandon, et c'était l'un d'eux qui servait de tombeau au chef-d'œuvre inachevé de David.

À quelques pas de l'entrée, le peintre s'aperçut que la porte de l'atelier était ouverte. On l'attendait à l'intérieur. Il ralentit le pas, puis brusquement accéléra. Il voulait savoir.

Maximilien attendait assis à cheval sur une chaise, les mains posées sur le dossier. Face à lui, sur deux murs entiers, se succédaient des esquisses, certaines suspendues, d'autres simplement posées. Chacune révélait un moment de la création, du coup de crayon jeté sur une feuille de cahier à la toile déjà tendue sur son cadre.

Sans se retourner, l'Incorruptible lança :

— Il paraît que tu as vu Tallien ce matin ?

Surpris, David resta dans l'embrasure de la porte.

— Oui.

— Moi aussi.

Cette manière de répondre par des phrases brèves désorientait toujours les interlocuteurs de Robespierre qui ne savaient jamais comment relancer le dialogue.

— Il avait quelque chose à te demander ? s'étonna le peintre.

— La vie.

Déconcerté, David se tut. Comme s'il se parlait à lui-même, Maximilien reprit :

— Ils croient tous que je tiens leur existence entre mes mains, et pourtant… Dis-moi, que te voulait Tallien ?

— Que je sauve sa maîtresse.

L'Incorruptible se retourna. Quand il voulait convaincre, il avait le besoin irrépressible de voir le visage de son interlocuteur.

— Thérésa Cabarrus… Contrairement aux rumeurs, je ne l'ai pas fait arrêter par hasard. Quand elle est devenue la compagne attitrée de Tallien à Bordeaux, elle a aussitôt organisé un bureau de « bienfaisance ». Chaque jour, des nobles menacés d'arrestation venaient la voir et elle leur procurait des passeports pour l'Amérique. Tous signés Tallien.

— C'est une ignoble trahison ! s'écria David.

— À tous ces fuyards, elle recommandait de voyager léger. De n'emporter que de l'or et des bijoux.

Et pour ses bons conseils, elle prélevait chaque fois un pourcentage.

— Tallien en a profité ?

Robespierre se retourna pour fixer de nouveau les ébauches.

— Le Tribunal révolutionnaire en décidera. Mais un conseil : ne reçois plus Tallien, c'est une vie en sursis.

Ébranlé, David changea aussitôt de conversation.

— J'étais à la Convention. Ton discours était… était…

Le peintre ne trouvait pas les mots.

— … plusieurs fois je me suis levé pour t'applaudir.

— À la fin, ce ne sont pas des applaudissements que j'ai entendus, mais des cris de hyènes, des hurlements de vautours. Je croyais faire l'unanimité autour de moi, je l'ai faite contre moi…

— Tu as toujours la majorité à l'Assemblée. Il suffit que tu reparles et tous te suivront.

Robespierre se taisait. Il semblait chercher une solution qui lui échappait. David ne pouvait s'empêcher de le regarder attentivement, comme s'il devait faire son portrait. Ce front haut et pâle, ces joues creuses, ces yeux fixes… L'Incorruptible serait-il malade ? Ou alors était-il épuisé par des mois de combats incessants ? Ces dernières semaines, il ne s'était plus rendu au Comité. Était-ce à cause de sa dispute avec Collot, ou y avait-il plus grave ? Maximilien se leva. Sa voix était plus rauque qu'à la Convention.

— Je ne puis compter que sur le peuple. C'est à lui que je dois maintenant m'adresser. Les sans-culottes, les femmes… Quant aux députés…

La voix de Robespierre se durcit.

— … ils sont manipulés par des collègues véreux et des représentants en mission criminels. L'alliance de la violence et de l'argent. Comme toujours.

— C'est une minorité, tu le sais bien.

— Une minorité qui s'agite comme un nœud de vipères. Barère qui veut ma place, Collot qui veut ma tête, Tallien qui veut sa femme et Fouché qui veut tout.

David, qui ne les aimait pas, renchérit :

— Tu peux y ajouter Barras et Carnot.

Maximilien se retourna et montra les dessins tracés d'une encre fiévreuse.

— Eux aussi sont présents dans ton *Serment du Jeu de paume* ?

À cette époque, ni Barras ni Carnot n'étaient élus, mais David ne rectifia pas. Depuis quelque temps, l'Incorruptible manifestait d'imprévisibles trous de mémoire.

— Eux non, mais toi, oui.

David montra une des ébauches les plus travaillées. On y voyait, juché sur une table, un homme lire le serment le bras tendu, tandis que devant lui un prêtre tenait par les épaules un moine et un pasteur protestant qui se donnaient la main. Derrière, une foule se levait, enthousiaste, comme entraînée par le vent nouveau de la liberté. Robespierre montra du doigt le personnage long et mince qui lisait le serment.

— C'est le député Bailly, précisa David, le premier maire de Paris.

— Je sais, il a été guillotiné l'an dernier. Et moi, où suis-je ?

— Juste à droite.

Robespierre se regarda. Il était le seul à ne pas tendre les bras. Au contraire, il avait les mains posées sur la poitrine et le visage et le corps arqués, comme s'il venait de recevoir une illumination.

— Pourquoi m'as-tu représenté ainsi ?

— Tu es le seul à avoir compris le véritable sens de la Révolution.

— Ce n'était pas l'avis des députés aujourd'hui.

Sans prévenir, Maximilien se leva. Il sortit de sa poche un rouleau de feuilles. David reconnut le discours qu'il avait prononcé à la Convention.

— Je vais le lire au club des Jacobins. Eux sont le peuple, ils me comprendront.

Avant de sortir, il montra l'esquisse.

— La prochaine fois, représente-moi comme les autres.

David resta seul. Il leva un voile qui recouvrait un dessin à l'encre brune. On y voyait les mêmes personnages, mais nus. Robespierre y était représenté, les pectoraux saillants, les muscles tendus. Son sexe droit s'élevait entre ses cuisses dures. Comment Robespierre aurait-il réagi s'il s'était vu ainsi ?

Trois ans avaient passé depuis que David avait commencé à peindre *Le Serment du Jeu de paume*. Combien de témoins de cette déclaration devenue historique étaient encore vivants ? Combien en prison ? Combien en exil ? David se souvenait de quand il avait proposé de peindre ce moment de grâce où tout n'était qu'espoir et fraternité. L'Assemblée, emportée par l'enthousiasme, lui avait alloué l'ancienne église des Feuillants pour qu'il y réalise ce tableau qui devait être gigantesque.

Il y avait passé deux ans de sa vie dans un face-à-face acharné avec l'Histoire.

Deux ans !

Le temps de voir ses personnages disparaître un par un dans la tourmente de la Révolution.

Passer de la lumière à l'ombre.

Comme lui.

# 9 THERMIDOR

(27 juillet)

## Dimanche matin

*Section des Tuileries*
*Club des Jacobins*
*Rue Saint-Honoré*

Maurice Duplay n'avait que quelques pas à faire pour rejoindre la salle où avaient lieu les réunions du club. Les Jacobins tenaient séance dans l'ancien couvent de l'Annonciation, juste à côté de son atelier. Tous les jours, après avoir distribué le travail, le père d'Éléonore venait prendre la température politique dans le club le plus célèbre de Paris. Ici, tous les républicains se retrouvaient pour débattre de politique et tous les députés venaient pour y enflammer leurs partisans.

Robespierre lui-même s'y était fait acclamer la veille. Il avait prononcé les mêmes paroles qu'à la Convention et provoqué un enthousiasme qui avait tourné à la dévotion. S'il en doutait encore, il savait qu'il pouvait compter sur ces fidèles qui, à cette heure, diffusaient partout son discours. Il en était ressorti électrisé et prêt à en découdre avec les députés rebelles.

Tous savaient qu'obtenir une ovation au club était plus essentiel que d'être applaudi à la Convention, car les Jacobins, devenus les gardiens de la Révolution, influençaient toute la capitale. Ils en étaient la tête et contrôlaient aussi bien les sans-culottes que la garde nationale.

Duplay s'arrêta devant l'entrée : une haute porte cochère encadrée de deux niches vides. Dès la cour pavée qui donnait sur l'église, on entendait résonner cris et disputes. Même si le club fonctionnait comme une assemblée, il était quasi impossible d'y maintenir le calme et le dialogue tant les passions étaient vives. Son antre bouillonnait comme un chaudron et la moindre de ses ébullitions retentissait dans tout Paris.

À l'intérieur, il ne restait plus grand-chose du décor de l'ancienne église fondée sous Louis XIII. Statues de saints et paroles sacrées avaient été remplacées par des bustes de Marat et des maximes patriotiques. La devise « La République ou la mort », surmontée du bonnet phrygien, ornait presque chaque colonne, et les bancs n'accueillaient plus de pieux fidèles, mais des sans-culottes particulièrement exaltés.

— Je réclame le silence !

À la tribune, le président de séance s'époumonait en vain. Au premier rang, des patriotes debout ne cessaient de s'enflammer. Certains tenaient un portrait de Robespierre qu'ils brandissaient comme un drapeau. Les plus radicaux appelaient déjà à l'insurrection populaire.

— La République est en danger !

— Mort aux traîtres qui veulent assassiner la Nation !

— À la guillotine ! À la guillotine !

Plus loin, des sans-culottes particulièrement ardents échangeaient insultes et menaces. Le père Duplay interrogea un groupe d'habitués qui fumaient la pipe.

— Ils se disputent pour quoi ?

— En fait, expliqua l'un d'eux, tout est venu de la visite qu'ont faite hier soir des députés hostiles à Robespierre pendant son discours.

— Lesquels ? s'étonna le père Duplay.

— J'ai reconnu Collot et Billaud.

Celui-là, Billaud, le menuisier ne le portait pas dans son cœur. Au Comité, il était parmi les plus violents, toujours à réclamer des têtes. Robespierre le méprisait et ne l'associait jamais aux décisions prises avec Saint-Just et Couthon. Billaud en nourrissait une jalousie qui tournait à la rancune.

— Ça s'est très mal passé pour eux. Ils ont été hués, menacés, puis chassés.

— Depuis, reprit un autre, le club débat pour savoir si ses membres ont le droit ou pas de refuser la parole à des représentants du peuple.

— Le peuple, c'est nous ! Eux, ce sont des nantis, des privilégiés…

Se gardant bien d'intervenir, Duplay s'éloigna pour réfléchir. Tout ça n'était pas bon. Au club des Jacobins, depuis plusieurs jours, le ton montait lors des réunions. La représentation nationale n'avait plus la cote. Beaucoup la considéraient comme un obstacle, une assemblée d'inutiles et de corrompus, dont il fallait désormais se débarrasser. Et maintenant, les réactions exacerbées de la Convention au discours de Maximilien résonnaient comme une provocation intolérable.

— Un seul peut purifier la République, un seul peut la sauver, et c'est Robespierre ! cria une voix.

Aussitôt un hurlement unanime gronda sous la voûte de l'église. Prononcer le nom de l'Incorruptible, c'était déclencher le tonnerre. Profitant de l'enthousiasme, un nouvel orateur s'élança à la tribune.

— Je le dis haut et fort ! Le temps est venu de dévoiler la vérité, celle que l'on cache aux patriotes !

Une salve immédiate d'applaudissements éclata. Aux Jacobins, la dénonciation des complots était devenue une obsession. On en voyait partout. Dans les prisons surpeuplées, dans la garde nationale et jusque dans les couloirs du gouvernement.

— Nous sommes face à une immense conspiration ! Tout autour de nous, une armée invisible nous guette, nous épie. Nos ennemis sont partout. En qui avez-vous confiance ? Votre voisin ? Qui vous dit qu'il n'espionne pas pour l'Angleterre ? Votre plus proche ami ? Êtes-vous sûr de lui ? Et s'il complotait en faveur des aristocrates ?

Dans la salle, les cris étaient retombés. Un silence suspicieux était en train de s'installer.

— Et ici, aux Jacobins, dans le sanctuaire de la République, dans le saint des saints, qui peut dire s'il n'y a pas des traîtres parmi nous ?

Chacun évitait de tourner la tête, de peur de se découvrir le centre de regards méfiants. L'orateur avait réussi son effet. Il tendit un doigt inquisiteur.

— Est-ce toi ? ou toi ?

Tour à tour, il désignait un visage qui aussitôt se fermait.

— Et si c'était toi ? hurla une voix anonyme à l'adresse de l'intervenant.

Désarçonné, l'orateur resta sans voix. Aussitôt, les cris et les menaces envahirent la salle.

— Qu'on le fasse descendre !

— Qu'on l'arrête !

— À l'échafaud !

Duplay s'assit sous un vitrail encore intact d'où tombait une lumière douce et blonde. C'était sa place habituelle. À la tribune, un nouvel orateur essayait en vain de se faire entendre, mais le tumulte emportait déjà sa voix. Cette surexcitation ne troublait pas le menuisier. En fait, une question plus intime le travaillait depuis plusieurs semaines.

L'avenir d'Éléonore.

Des quatre sœurs Duplay, elle était l'aînée, et à vingt-quatre ans elle n'était toujours pas mariée. Son père avait bien tenté de lui suggérer quelques noms du quartier. Chaque fois, elle avait refusé avec dédain. Les parents Duplay avaient vite compris qu'ils ne feraient pas d'Éléonore l'épouse d'un commerçant ou d'un artisan de la rue Saint-Honoré. Alors qui ? avait demandé un jour le menuisier à sa femme. À la vérité, tous deux connaissaient la réponse, mais aucun n'osait se l'avouer. Depuis que Robespierre était venu habiter chez eux, Éléonore s'était métamorphosée. En quelques mois, elle s'était rendue indispensable à la vie de l'Incorruptible, l'entourant sans trêve de son affection et de son dévouement. Sauf que personne n'était indispensable à Maximilien. Et ça, le père Duplay le savait. Avant Éléonore, c'était Charlotte, la propre sœur de Robespierre, qui l'entourait, le protégeait de tout. Un jour, Robespierre l'avait congédiée et Charlotte avait dû disparaître. Il n'y avait ni femme ni amis pour des hommes de sa trempe. Ils font l'histoire, pas des maris.

— Duplay ?

Le menuisier leva la tête. Devant lui se tenait un des plus gros entrepreneurs du quartier. Un malin qui savait dégoter les grosses commandes. On disait rue Saint-Honoré qu'il avait le don de s'enrichir comme personne. C'était la première fois qu'il parlait à Duplay.

— Alors l'ami, les affaires marchent ?

— Je n'ai pas à me plaindre.

Souriant, l'entrepreneur se rapprocha. De la poche de son gilet dépassait une chaîne d'or. L'artisan devina qu'elle conduisait à une montre qui ne devait pas être en fer-blanc. Il fallait faire preuve d'aplomb pour afficher un signe d'opulence aussi ostentatoire. Le menuisier se sentit en confiance.

— Duplay, je vais vous parler franc : j'ai besoin d'un associé pour un chantier important. Très important. Une commande publique. Je crois que vous avez l'habitude ?

En règle générale, Duplay n'aimait guère parler des travaux qu'il réalisait pour le compte de l'État, mais là, il flairait la bonne affaire.

— J'ai déjà travaillé pour le gouvernement.

L'entrepreneur lui tendit la main.

— Et si vous m'en disiez plus ? Parlez-moi des contrats que vous avez signés avec l'État. J'ai vraiment besoin de l'expérience d'un homme comme vous qui a du savoir-faire… et des relations.

Duplay pensa à sa fille. Jamais elle n'épouserait Robespierre et jamais elle n'en épouserait un autre. S'il réalisait un beau coup, il pourrait enfin la gâter. Le menuisier accepta la main de l'entrepreneur dans la sienne et sourit.

Il savait déjà ce qui ferait plaisir à Éléonore.

Une nouvelle paire de boucles en or.

*Section des Tuileries*
*Pavillon de l'Égalité*
*Comité de salut public*

Robespierre faisait le tour de la bibliothèque. Il la connaissait presque par cœur. À la différence de Barère ou de Collot d'Herbois qui pouvaient travailler dans le désordre et l'agitation, lui avait besoin de solitude pour réfléchir et écrire. Dès qu'il le pouvait, il montait d'un étage se réfugier dans une thébaïde de mots dont il tirait les rideaux, ne laissant qu'un mince interstice pour voir briller la Seine. Il aurait aimé habiter dans une tour. Vivre ainsi au-dessus du quotidien, ne voir le monde qu'à travers de fines meurtrières, ne plus avoir à parler à quiconque, vivre la vie d'un pur esprit… Ses doigts, en tapotant des dos de reliures, s'arrêtèrent sur une édition des *Confessions*. Rousseau aussi avait rêvé de vivre en dehors de la société. Quand il était arrivé à Paris, Maximilien s'était précipité pour découvrir l'ermitage de Montmorency, sa retraite d'Ermenonville, les derniers refuges de Jean-Jacques. Il l'enviait d'avoir pu échapper, au moins un temps, à la malveillance de ses semblables ; lui n'avait que cette bibliothèque solitaire comme unique forteresse contre le mensonge et l'hypocrisie.

La porte s'ouvrit et Bonbon entra. Moins élégant que son frère, il ôta son frac brossé de loin et dégrafa sa chemise. Son visage était rouge de sueur.

— Quelle chaleur ! Tu te souviens à Arras, des journées d'été passées sur le bord de la Scarpe ?

Maximilien fit un rapide signe d'assentiment.

— À l'époque, notre…

Augustin hésita. Leur mère était morte si jeune qu'ils ne s'en souvenaient pas. Quant à leur père, il s'était rapidement évanoui dans la nature, totalement indifférent à l'avenir de sa progéniture. Difficile ainsi d'avoir des souvenirs familiaux.

— C'était notre grand-père maternel qui nous amenait, compléta Robespierre. Mais tu sais que je n'aime parler ni de notre famille ni du passé.

Bonbon fit comme s'il n'avait pas entendu.

— Eh bien, moi, je me rappelle quand tu es devenu avocat et que tu préparais tes premières affaires. Notre sœur me faisait monter à l'étage et entrouvrait la porte de ta chambre pour que je te voie travailler.

— Tu ne te rappelles rien, le coupa Maximilien. Tu étais trop jeune.

— Tu oublies toujours que nous n'avons que cinq ans d'écart… D'ailleurs je me souviens aussi que tu écrivais des lettres galantes à… Comment s'appelait-elle déjà ?

L'Incorruptible ne répondit pas. Il y avait longtemps qu'il avait oublié Arras et sa jeunesse vide et inutile.

— Ah ! oui… Mlle Dehay. Quel joli nom ! Sais-tu si son joli cou a échappé à la guillotine ?

Maximilien se demandait toujours comment il pouvait avoir un frère à l'esprit aussi volatil et frondeur. Pourtant, en tant que député, il se montrait souvent à la hauteur, sans doute pour tenter de se faire un prénom ; mais à la vérité, Bonbon était d'abord un jouisseur : il n'aimait de la vie que l'écume du plaisir.

— Ne me fais pas perdre mon temps, se raidit Maximilien. Si tu as quelque chose à me dire, reste, sinon j'ai du travail qui m'attend.

Piqué au vif, Augustin répliqua.

— Tu crois que je te parle d'Arras pour le plaisir ? À ton avis, quand ils devront donner un nom à une place, ce sera le tien ou celui de Carnot ? Vous vous connaissiez bien, n'est-ce pas ? Il paraît même que vous écriviez des vers ensemble.

— Carnot était en garnison à Arras, je l'ai croisé, fut la seule réponse de l'Incorruptible.

— Et Fouché lui aussi était à Arras. Pourquoi te hait-il autant ?

Les yeux gris de son frère ne cillèrent pas.

— Hier, à la Convention, après ton discours fleuve, quand on t'a interrogé sur son cas, alors qu'il ne cesse de te combattre dans l'ombre, qu'il devient le plus dangereux de tes adversaires en s'échinant à fédérer tous tes ennemis, tu as répondu : « Je ne veux pas m'occuper de Fouché pour l'instant. » Pourquoi l'épargner ainsi ? Un mot et sa tête tombait !

Froidement, Maximilien répondit :

— Je m'occuperai de lui en temps et en heure.

— Ce ne serait pas plus simple de le voir, de s'entendre ? Hier matin, Tallien et Barras sont venus à ta rencontre et tu ne leur as rien dit ! Pas un seul mot. Tu t'es fait deux ennemis de plus.

— On ne peut pas s'entendre avec Fouché.

Bonbon détestait quand son aîné répliquait par des phrases définitives.

— J'ai besoin de savoir pourquoi Fouché et toi êtes en guerre ouverte. C'est à cause de notre sœur, Charlotte ?

— Qui t'a parlé de ça ?

— À Arras, tout le monde ne parle que de ça.

Robespierre écarta un rideau pour le faire retomber aussitôt. La lumière était trop intense. Il chercha ses lunettes vertes pour protéger ses yeux.

— Fouché était professeur de sciences. Il avait monté un laboratoire de physique dans son collège. C'est là que je le rencontrais.

— Carnot, Fouché, Robespierre, belle brochette ! La ville d'Arras peut être fière de vous, ironisa Bonbon.

Maximilien ne releva pas. Il voyait le professeur Fouché, le dos légèrement voûté, les épaules étroites, le visage chiffonné comme si on venait de l'essorer, et ce regard sans fond qui reflétait tout et ne révélait rien.

— Vous étiez amis ?

— Il venait à la maison.

Bonbon savait qu'il n'obtiendrait pas davantage. Le reste, il le connaissait par la rumeur publique. Fouché devenu un intime, qui se prend de passion pour Charlotte, leur sœur.

— Jusqu'où est allée la relation entre Fouché et Charlotte ?

— Charlotte n'a jamais été belle ni intelligente, voilà la réponse à ta question. Quant à Joseph Fouché, il n'a jamais dit un mot sans avoir d'abord pensé à tout le bénéfice qu'il pouvait en tirer.

— Mais il l'a bien demandée en mariage ?

À Arras, tout le monde avait aperçu le jeune couple qui se cachait à peine. Un Joseph empressé et une Charlotte transfigurée.

— Il a osé, oui.

— Et tu as refusé ?

— Fouché était tout sauf l'époux dont Charlotte avait besoin.

— Et bien sûr, elle ne s'est jamais mariée, ajouta Augustin amèrement.

— Le bonheur individuel n'est rien. C'est celui de l'humanité que l'on doit toujours privilégier.

Bonbon ne répliqua pas. Il observait son frère que rien ne semblait toucher. En fait, la politique ne l'avait pas transfiguré, c'est lui qui avait métamorphosé la politique. Il était devenu la Révolution. Il l'incarnait à lui seul et il n'y avait de place pour rien d'autre. Dans la pièce d'à côté, un pas lourd résonnait : c'était Fouquier-Tinville qui avait l'habitude de marcher en préparant ses dossiers.

— Ne te méprends pas sur mon attitude envers Fouché, reprit Maximilien. Si du serpent il a la ruse, il a du loup l'obstination. Quand il sortira du bois, sa meute sera au complet avec lui – c'est ce que j'attends –, ainsi nous les anéantirons tous d'un coup. Seulement, il faut être plus patient que lui.

— Et s'il l'était plus que toi ?

— Alors ce sera lui ou moi.

*Section des Piques*
*366, rue Saint-Honoré*

Le visage concentré, Éléonore jeta un dernier coup d'œil à la chambre de l'Incorruptible qu'elle venait de ranger. Tout était en ordre. Le lit étroit et monacal, les livres impeccablement alignés sur l'étagère, l'encrier posé à l'angle droit de la table. Quand Robespierre rentrerait le soir, il se retrouverait comme en lui-même. Éléonore s'arrêta dans l'embrasure de la porte. La pièce, dans la première tiédeur du matin, sentait la cire et le parfum suave des oranges. Elle résista à la tentation de se coucher un instant sur le lit. Elle savait trop à quoi elle rêverait.

— Éléonore !

La voix de sa mère l'interpellait de la cour où s'activaient les ouvriers de l'atelier. Éléonore ferma la porte et descendit l'escalier. À la porte de la cuisine, sa mère l'attendait, une corbeille en osier à la main.

— Viens, Babeth est déjà dans le jardin.

Avant la Révolution, l'immeuble qui abritait la famille Duplay appartenait au couvent mitoyen où Éléonore et ses sœurs avaient fait toutes leurs études. Maintenant que les religieuses avaient disparu, les Duplay avaient repris l'ancien jardin monastique qui bordait leur salon et l'entretenaient avec soin. Babeth en particulier avait la passion des fleurs. Quant à Éléonore, elle choisissait les plus belles pour égayer d'une touche de couleur l'austérité de la chambre de leur hôte.

— Robespierre est parti tôt ce matin ? interrogea la mère Duplay.

À la différence de ses filles, elle ne nommait jamais leur locataire par son prénom.

— Oui, il devait préparer la séance de cet après-midi à la Convention avec Saint-Just.

Babeth avait pris la corbeille des mains de sa mère et la remplissait de roses qui exhalaient leur premier parfum. Pour se protéger du soleil, Éléonore remonta son châle sur ses cheveux. Elle fredonnait une chanson que Maximilien lui avait apprise les soirs où l'on jouait du clavecin. Elle leva le regard vers le ciel. L'azur était sans limites. Avec un peu de chance, ils pourraient tous partir bientôt pour la campagne. À Choisy ou à Montmorency qu'affectionnait particulièrement Maximilien. Le printemps dernier, lors d'une promenade, il avait cueilli des cerises pour les sœurs Duplay. Une pleine poignée. Éléonore en avait gardé une qu'elle conservait précieusement dans le tiroir de son secrétaire.

— Tu crois qu'il y en a assez ?

Babeth montra la corbeille de roses. Éléonore allait lui répondre quand leur père rentra dans la cour.

— Je viens des Jacobins. Ça parle fort après le discours de Robespierre.

Autour de lui se regroupaient ses ouvriers, impatients d'avoir des nouvelles.

— Alors, que dit-on ?

Depuis deux ans qu'il hébergeait l'Incorruptible, Duplay avait pris goût à la politique. Et plus encore, il aimait en expliquer les subtilités à tous ceux qui travaillaient pour lui.

— Je peux vous dire qu'hier soir, aux Jacobins, l'Incorruptible a fait un triomphe. Il a eu du mal à quitter la salle tant il a été ovationné.

— Il paraît qu'à la Convention, en revanche, ç'a été houleux, osa un ouvrier.

Duplay balaya l'objection d'un revers de main.

— Une misère ! Deux ou trois députés qui ont élevé la voix en plein désert. Des bavards, des jaloux ! Vous verrez qu'aujourd'hui Saint-Just va réduire tout ça au silence.

— C'est vrai que l'Incorruptible a refusé de nommer les traîtres ?

— Robespierre est trop bon. Si j'étais lui, j'enverrais tout ça directement chez Fouquier-Tinville. Un bon coup de guillotine et on n'en parle plus.

Les ouvriers ne répliquèrent pas. Eux savaient combien la vie était devenue dure à Paris. Le pain manquait, la viande était devenue un luxe et l'argent se dévaluait à une vitesse stupéfiante. Plus personne ne voulait des assignats, cette affligeante monnaie de papier, censée remplacer l'or et l'argent, qui avait perdu toute valeur. Il fallait sans cesse se battre pour simplement survivre.

— Si seulement on prenait aux riches ! lança un ouvrier qui venait de province. Chez moi, les terres saisies aux curés et aux nobles, elles sont toutes passées dans les mains des bourgeois de la ville. Les paysans, les pauvres, ils ont rien eu…

— Pas la peine d'aller à la campagne, regardez le Palais-Royal, qui appartenait au prince d'Orléans. Vous croyez que c'est le peuple qui habite là maintenant ? Non, il n'y a que des maisons de jeu où les riches d'aujourd'hui viennent dépenser l'or qu'ils ont volé à la Nation !

Duplay hocha la tête. Lui aussi savait que dans les quartiers populaires comme dans les campagnes, là où l'espérance de la Révolution avait été immense, la déception ne cessait de s'exaspérer. À quoi servait la liberté si on crevait de faim ?

— Ce n'est pas la faute de Robespierre, vous le savez bien, mais de tous les corrompus qui s'enrichissent sur le dos du peuple.

— Reste que la guillotine, elle n'arrête pas de couper des têtes, des têtes prétendument de tricheurs, de voleurs, d'accapareurs… Mais le peuple, lui, il a toujours aussi faim.

— C'est qu'il faut aussi nourrir l'armée, à l'est, au nord, au sud et en Vendée. Ça coûte !

— La guerre, il y en a à qui ça profite, surtout. Tous ces fournisseurs, ces intermédiaires, ils achètent du blé et de la viande une misère aux paysans, et ils les revendent dix fois plus cher aux militaires.

— Et pendant ce temps, dans les villes, il y a plus rien pour se nourrir. Ma femme, elle doit faire la queue pendant des heures pour avoir un morceau de pain rance dont même un cochon ne voudrait pas.

Duplay répliqua. Ce n'était pas la première fois que ses ouvriers se faisaient l'écho du ressentiment populaire, mais ils ne l'avaient jamais fait jusque-là avec autant de véhémence.

— Laissez l'Incorruptible mettre au pas la Convention, ensuite il s'occupera de vous.

— Sauf qu'on nous dit ça chaque fois. D'abord ç'a été la faute du roi, après celle des Girondins, après celle de Danton… On les a tous guillotinés, et après ?

Un ouvrier s'écria :

— Pour nous, c'est toujours la même misère !

Éléonore sortit, suivie de Babeth coiffée d'une couronne de roses blanches qu'elle s'était tressée. Aussitôt la conversation cessa. On salua les demoiselles Duplay et on retourna à l'atelier. Bientôt le bruit de la scie et du rabot retentit de nouveau dans la cour. Un apprenti se pencha au canon de la fontaine pour boire, tandis qu'un autre posait soigneusement des planches fraîchement équarries contre le mur. Duplay, lui, regardait vers la porte cochère qui donnait sur la rue Saint-Honoré.

C'était là que, deux mois auparavant, avait surgi une toute jeune fille qui avait demandé à parler à Robespierre. On l'avait interrogée. Elle avait donné son nom : Cécile Renault. Son père était un artisan de l'île Saint-Louis. À son bras, elle portait un panier couvert d'une serviette blanche. On avait trouvé deux couteaux dessous. Durant des nuits, Maurice Duplay n'avait plus dormi. Malgré les sans-culottes qui veillaient dans la cour autour d'un brasero, il sursautait au moindre craquement. Il n'avait retrouvé le sommeil que quand Cécile, avec toute sa famille, était passée sous la guillotine.

Mais désormais, c'était une autre crainte qui habitait Duplay. Il se demandait si, dans le choc prévisible de la Convention avec Robespierre, le peuple le suivrait. Les paroles de ses ouvriers le taraudaient. Si la confrontation débouchait sur un affrontement violent, les quartiers suivraient-ils l'Incorruptible ?

Le père Duplay regarda vers la porte cochère. Ce n'était plus une jeune fille qu'il imaginait, mais une foule en colère qui emportait tout sur son passage. Il passa la main sur ses yeux pour échapper à cette vision d'apocalypse. Éléonore, son panier vide à la main, venait de revenir dans la cour.

— Je viens de fleurir la chambre de Maximilien.

Le père Duplay sourit. Sa fille était radieuse. Il se faisait du souci pour rien.

— Tant que tu y es, va chercher l'accordeur pour le clavecin. Ce soir, quand Robespierre rentrera, je veux de la musique pour fêter sa victoire.

*Section des Tuileries*
*Pavillon de l'Égalité*
*Bibliothèque*

Fouquier-Tinville avait toujours été un homme d'ordre. Il posa un à un ses dossiers sur la grande table. Chaque pile marquée par une couleur différente. En bleu, tout ce qui concernait le Tribunal révolutionnaire : relevés d'écrou, liste des suspects, noms des condamnés. En rouge, tout ce qui relevait du Bureau de sûreté générale : activité des agents, comptes rendus de filatures, notes sur l'état de l'opinion.

Saint-Just, qui venait de croiser Bonbon en rentrant, s'installa dans l'embrasure d'une fenêtre. La présence de Fouquier le gênait. Elle l'obligeait à quitter la sphère des idées pour revenir au réel. Pour lui, débattre à la Convention, palabrer au Comité était déjà du temps perdu. Pourquoi devoir sans cesse ployer la nature humaine à coups de lois, de décrets, alors qu'on ne travaillait que par le peuple et pour le peuple ? La vérité était que la Révolution n'allait pas assez vite. Fouquier rectifia une pile de dossiers qui n'était pas droite et se redressa. Il était prêt. Les mains jointes sous le menton, Robespierre désigna en silence la pile bleue.

— Citoyen, commença l'accusateur public, depuis six semaines que vous ne siégez plus au Comité, le nombre d'ordres d'arrestation ne cesse de croître. Bientôt mon Tribunal n'y suffira plus.

— Et le nombre d'exécutions ? interrogea Saint-Just.

— Il suit le même rythme. Vous savez que depuis la loi de prairial, nous n'avons le choix qu'entre l'acquittement et la condamnation à mort. En conséquence, la guillotine ne chôme pas.

Saint-Just se rembrunit. Quand il avait été délégué aux armées, il avait tenté de limiter au minimum le recours à la peine capitale. Mieux, à Strasbourg, il avait fait arrêter Euloge Schneider, un moine défroqué converti à la Révolution qui parcourait la ville avec une guillotine ambulante. La répression aveugle était devenue la maladie mortelle de la République.

— Si j'ai accepté de condamner Danton ou Desmoulins, c'est parce que j'étais convaincu de leur culpabilité. Aujourd'hui, qui envoie-t-on à l'échafaud ? Des coupables de crimes contre l'État ? Des traîtres à la Nation ? Non, le peuple !

Il se tourna vers Maximilien.

— Et en plus, en ton nom. Car dans tout Paris, dans toute la France, on est convaincu que c'est à toi que l'on doit cette accélération de la terreur.

L'Incorruptible semblait absent de la conversation. Saint-Just se demandait s'il était en train de réfléchir ou si la fatigue et le découragement l'accablaient. Si sa longue absence des affaires publiques se justifiait par l'état de tension extrême entre les membres du Comité, un petit nombre de ses proches savaient que Robespierre oscillait de plus en plus entre des moments de confiance excessive en lui et des périodes toujours plus longues où il n'était capable de rien. Durant ses passages à vide, il n'arrivait même plus à quitter la chambre. Éléonore avait confié à sa sœur qu'elle avait retrouvé ses oreillers tachés de sang. Une confidence qui avait fini par arriver aux oreilles de Saint-Just. Et si Maximilien, usé par ses années de combats politiques incessants, était en train de tomber malade ? Et si son corps ne parvenait plus à suivre la course folle de son destin ?

— Maximilien ?

Robespierre abaissa ses lunettes et se frotta les yeux avant de répondre.

— Je sais que ces condamnations à répétition sont ordonnées pour me nuire. Pour me faire passer pour un tyran et un monstre sanguinaire. Comme toutes les calomnies dont on me salit sans cesse. Je vois clair dans le jeu de nos ennemis. Chaque jour ils se dévoilent un peu plus, chaque jour ils me traînent dans la boue du mensonge et de l'infamie…

Impatient, Saint-Just le coupa.

— C'est le sens du discours que tu as tenu hier à la Convention, mais le temps n'est plus à dénoncer sans accuser, à menacer sans frapper. Que veux-tu faire ?

Fouquier montra les dossiers situés à sa droite.

— J'ai là presque toutes les preuves. Encore quelques jours et nous pourrons dénoncer le complot et l'anéantir.

— Nous n'avons plus le temps, martela Saint-Just. Il faut exterminer le nœud de vipères tout de suite. Hier soir, après ton discours aux Jacobins, Collot a surgi au Comité. Il était fou de colère, il éructait en tous sens. Nous en sommes presque venus aux mains.

— Que proposes-tu ?

— Demain, je prononcerai un discours de réconciliation. Toute la Convention l'attend. Et une fois l'unité retrouvée, ce sera à toi d'en finir…

Robespierre s'était levé. Malgré la chaleur, il avait froid. Il se dirigea vers la cheminée et tendit la main devant l'âtre comme pour se réchauffer à un feu invisible.

— Durant mon absence, j'ai eu le temps de réfléchir. Nous avons tué le roi, guillotiné les aristocrates rebelles, déporté les prêtres réfractaires, abattu les agitateurs politiques. Mais dès lors que nous avons envoyé des députés à l'échafaud, c'est à la représentation nationale que nous nous sommes attaqués.

— Ils étaient coupables, dit Saint-Just, j'en suis certain.

— Ce que je veux dire, c'est que la légalité n'est plus du côté du droit, mais de la force. Désormais, c'est celui qui a le soutien du plus grand nombre qui l'emporte.

— À part la poignée de traîtres que nous surveillons, vous n'avez que des amis à la Convention, affirma Fouquier.

— Des amis… Je pense souvent à Danton. Savez-vous que j'étais auprès de lui quand sa première femme est morte ?

L'accusateur public regarda ailleurs. Quand Danton avait appris la mort subite de Gabrielle, il avait perdu l'esprit. En mission pendant sa maladie foudroyante, il n'était rentré à Paris que pour découvrir qu'on venait juste de l'inhumer. Fou de douleur, il s'était précipité au cimetière et avait déterré lui-même son corps. Il avait fallu étouffer le scandale.

— Tu l'as soutenu durant toute cette tragédie, justifia Saint-Just. Sans toi, il se serait effondré. Ce qui s'est passé ensuite n'a rien à voir, c'est de la politique.

— Et Desmoulins ? J'ai été le témoin de son mariage.

— Il ne croyait plus à l'élan de la Révolution. Il était devenu un frein. Nous l'avons prévenu, supplié…

— Et nous l'avons tué.

— Il avait trahi.

Le ton de Saint-Just était définitif. Comme Robespierre, il était un adversaire acharné de la peine de mort, mais les idéaux n'existaient plus quand il s'agissait de se battre contre les ennemis de la liberté. En politique, ce sont les circonstances qui gouvernent, pas les principes.

— Et Lucile ?

Cette fois, Saint-Just se tut. Lucile était la femme de Desmoulins, et elle n'avait rien à voir avec les idées de son mari. Ils l'avaient pourtant envoyée mourir à l'échafaud alors qu'elle n'avait que vingt-quatre ans.

— Citoyen, il faut prendre des décisions, annonça Fouquier. Vous doutez de la Convention ? Justement, Tallien, Barras, Fouché tentent de la retourner contre vous.

Il montra la pile de dossiers rouges.

— Les preuves sont accablantes.

Les trois noms avaient rallumé le regard de Robespierre. Ses hésitations s'effacèrent aussi vite qu'elles lui étaient venues. La lutte à mort avait toujours été son moteur. Chaque fois qu'il avait dû abattre un adversaire, il avait joué sa vie, et c'est ce qui lui avait donné la force de triompher.

— Vous avez fait suivre Tallien ?

— Oui, mais il se méfie. Hier matin, il n'a cessé d'errer dans les rues autour des Tuileries. Sans doute pour essayer de semer nos agents. En vain. Mais nous savons qui il a rencontré.

— Qui ? demanda l'Archange.

— David, le peintre.

Robespierre trancha.

— J'ai déjà vu David à ce sujet. Qu'en est-il de la maîtresse de Tallien, l'Espagnole ?

Prudemment, Fouquier éluda son échec de la veille.

— Je l'ai placée dans des conditions de détention particulières. Désormais, elle va parler très vite.

Saint-Just enchaîna.

— Un député de la Montagne m'a informé que Tallien préparait quelque chose. Si nous le prenions de court en la libérant, Tallien retrouverait peut-être alors le chemin de la raison ?

L'Incorruptible sortit une orange de sa poche et planta son ongle dans l'écorce.

— Au contraire, laissons-le se dévoiler. De toute façon, qu'elle soit libre ou pas, Tallien a perdu. Il n'y a pas de place dans « ma » République pour les corrompus. Et Barras ?

— Il s'est rendu dans une maison de jeu du Palais-Royal.

— Pour dépenser l'or qu'il a pillé à Toulon ? ironisa Saint-Just.

— Nous avons des informateurs quasiment à chaque table, il n'a pas joué.

Cette dernière phrase inquiéta Robespierre.

— Qu'a-t-il fait alors ?

— Il est monté à l'étage. Depuis plusieurs jours, nous surveillons cet établissement, de nombreux députés s'y sont rendus. Et aucun ne joue.

— C'est donc là que se noue le complot, assena Saint-Just. S'il fallait une preuve, la voilà. Tallien tente de débaucher nos amis, Barras les rencontre au Palais-Royal…

Maximilien sortit son carnet. D'un coup de mine, il nota deux noms et les biffa. Barras. Tallien.

Saint-Just reprit :

— Mais ce ne sont que les tentacules de la pieuvre. C'est la bête qui se cache qu'il faut abattre. Et elle a un nom.

Robespierre ferma son carnet. Cette fois, il était temps. Il fit signe à l'accusateur public qui posa sa main sur la pile rouge.

— Voici le dossier Fouché.

*Section de la Montagne*
*Palais-Égalité*

Pour mieux se protéger du soleil, les prostituées s'étaient réfugiées sous les arcades. Par groupes de deux, elles arpentaient les allées couvertes, jetant des œillades aux rares badauds. Le temps était loin où le Palais-Royal était l'épicentre de la Révolution. C'est là que Camille Desmoulins, le 12 juillet 1789, avait harangué la foule. Deux jours plus tard, la Bastille était prise. C'était là que le prince d'Orléans, cousin du roi, avait comploté pour faire chuter Louis XVI, convaincu de pouvoir prendre sa place. Depuis, les têtes de Desmoulins et d'Orléans étaient tombées sous la guillotine et le Palais-Royal était redevenu le royaume des belles de jour.

Barras avançait lentement le long de la galerie attribuée aux marchands de livres. Négligemment, il sortait un ouvrage des étals, le feuilletait, puis le reposait en évidence sur la pile. Il s'arrêta ainsi devant la devanture de plusieurs libraires, puis traversa les jardins pour rejoindre la galerie d'en face. Juste avant de passer l'arcade centrale, il se retourna. Un homme en veste grise prenait le premier livre qu'il avait ouvert. Barras accéléra le pas. Sa ruse de l'hameçon avait fonctionné. Le temps que son pisteur relève tous les titres qu'il avait feuilletés, il aurait largement le temps de disparaître pour son rendez-vous.

Au 52, un nouveau cerbère était à l'entrée de la maison de jeu. Il examina la tenue de l'ancien représentant en mission et ouvrit la porte. Barras souffla. Il était dans la place. En même temps qu'il montait l'escalier, une sensation mêlant l'angoisse et la griserie le gagna. Désormais, il ne pouvait plus reculer. Il porta la main à sa poche intérieure pour vérifier qu'il avait bien pris l'argent. Les informations, surtout celles qu'il cherchait, coûtaient cher. Mais s'il parvenait à les obtenir, il reviendrait dans le jeu avec de nouvelles cartes en main.

Comme il atteignait le premier palier, il croisa un joueur qui, pour ne pas être reconnu, se plongea dans la contemplation de sa montre en or. Sortant de la salle de jeu, la maîtresse de maison s'approcha. Le visage toujours aussi fardé, elle décolla ses lèvres peintes pour lui parler.

— Déjà de retour ? Quelque chose vous presserait-il ?

— Rester en vie.

Barras se demandait quel rôle exact elle jouait dans ce qui se passait sous ses yeux. Couvrir une activité de renseignements, c'était comme offrir sa tête au couperet. Barras regarda son visage redevenu impassible. Quelle était sa véritable motivation ? Était-ce la cupidité, la peur, ou quelque chose de pire encore, qui lui faisait prendre tant de risques ?

— Vous vous souvenez de la chambre à l'étage ? Alors montez. On vous y attend.

Pressé, Barras sortit sa bourse. Pour pouvoir payer, il avait puisé dans ses ultimes réserves.

— Aujourd'hui ce ne sera pas nécessaire. Gardez-le pour un autre jour…

Barras la salua et se dirigea vers le couloir.

— … si vous arrivez jusque-là.

La chambre semblait avoir été quittée à l'instant : un peigne aux dents entremêlées de cheveux était encore posé sur la table. Une habile mise en scène en cas d'intrusion policière. Barras ouvrit l'armoire et toqua contre le panneau amovible. Il coulissa lentement, dévoilant le même profil derrière le rideau cramoisi.

— Vous avez mes renseignements ? demanda l'ancien représentant en mission.

Sans une réponse, le profil disparut. Barras s'affola. Il était tombé dans un traquenard. En se levant précipitamment, il se cogna contre le montant de l'armoire.

— Pas la peine de fuir ni de se blesser.

Un autre profil venait de prendre place. Le front court et bombé, le nez long, le menton épointé.

— On m'a transmis votre demande. Qu'est-ce qui vous intéresse tant chez les Duplay ?

— Ce qu'ils cachent.

Le profil, derrière le rideau, resta immobile. Barras entendait sa respiration. Étrangement calme et régulière.

— Un père de famille estimé, une épouse fidèle, quatre filles sur lesquelles aucune rumeur n'a jamais circulé, un neveu engagé volontaire, qui a perdu une jambe à Valmy, et un locataire au-dessus de tout soupçon. Et vous, vous croyez qu'ils cachent quelque chose ?

— Je vois que vous vous êtes déjà renseigné, ricana Barras. Mais ce que je veux, c'est l'envers du décor. Pas le tableau de famille.

— J'ai d'abord besoin de savoir ce que vous comptez en faire. Auriez-vous des vues sur une des filles du couple Duplay ?

— Je suis déjà marié.

— Dommage, car les filles Duplay seront bien dotées. Leur père possède quatre maisons à Paris qui lui rapportent la modique somme de 15 000 livres de rente.

Barras réfléchit. Comment un artisan pouvait-il s'offrir des biens immobiliers donnant un tel revenu ? Certes, il était installé à Paris depuis longtemps, certes, il avait des ouvriers…

— Vous connaissez l'origine des fonds qui ont servi à payer ces investissements ?

Barras entendit un bruit de feuille froissée.

— On vient juste de m'apporter l'information, mais je vous repose la question. Que voulez-vous en faire ?

— Qui sait ? Peut-être ai-je un différend avec le père Duplay…

La tenancière de la maison de jeu lui avait expliqué que le rideau au fond de l'armoire, s'il permettait de n'entrevoir qu'un profil, assourdissait aussi la voix, la rendant ainsi anonyme. Ainsi, d'un côté comme de l'autre, la sécurité de chacun était garantie. Pourtant Barras commençait à se demander si son identité n'avait pas été éventée.

— Un différend avec le père Duplay ou avec son locataire ?

Méfiant, Barras ne répondit pas.

— Vous savez que j'ai une vue imprenable sur les jardins ? En particulier sur les étals des libraires. Très habile tout à l'heure votre petit jeu de semer des livres pour retarder ce policier à veste grise. Mais là, je crois qu'il vient d'en terminer la lecture.

— Il n'arrivera pas jusqu'ici.

— Alors comment expliquer qu'il traverse les jardins droit vers le numéro 52 ?

— C'est impossible ! balbutia Barras.

— Non, c'est certain ! Vous voulez vérifier par vous-même ? Sortez dans la chambre. Mettez-vous à la fenêtre, vous ne pouvez pas le rater.

— Je vous crois.

— Alors je vous repose la question. Qui vous intéresse, Duplay ou Robespierre ?

— Robespierre.

Sous le rideau, une main pâle constellée de taches de rousseur glissa une feuille pliée avec soin.

— Lisez-la attentivement. Vous y trouverez la liste des travaux que l'entreprise de Duplay a réalisés pour la Convention, ainsi que le montant de chaque paiement réglé par l'État.

Barras se précipita sur la feuille : « Aménagement de la salle de la Convention, 60 000 livres ; charpente du bassin des Tuileries, 15 800 livres ; amphithéâtre des Tuileries, 12 939 livres. »

Près de 90 000 livres !

— Vous comprenez mieux comment le père Duplay a pu acquérir trois maisons au cœur de Paris ?

— Ces marchés lui ont été attribués sans appel à la concurrence ?

— Selon vous ? Mais désormais, il a une nouvelle ambition : il veut acheter l'immeuble où vit sa famille et qui appartenait aux religieuses du couvent de la Conception. La mise à prix est de 33 000 francs. Sans doute lui a-t-on promis un beau contrat…

— Si l'on apprend que le menuisier Duplay, qui héberge Robespierre, s'est enrichi avec des deniers publics… pensa à voix haute Barras.

Derrière le rideau, la voix se fit plus lente.

— Saint-Just va parler à la Convention. Robespierre prendra la parole ensuite. On dit que cette fois, il va désigner des têtes, mais si un scandale éclate avant…

— Qui êtes-vous ? demanda Barras. Je suis certain que vous connaissez mon nom ! Je veux le vôtre !

Le ton de la voix devint plus métallique.

— Le policier qui vous suit doit être en train de monter, je vous conseille de partir. Prenez à gauche. Il y a une porte au bout. L'escalier débouche dans une boutique de mode.

Barras se précipita. S'il courait sans se retourner, il avait une chance. Quand la porte du couloir claqua, un nouveau profil apparut derrière le rideau de velours cramoisi : celui de la tenancière de la maison de jeu.

— Écoutez, j'ai fait tout ce que vous m'avez demandé, maintenant j'ai besoin d'aide. Le jeune homme qui a joué le policier pour vous est mon jeune frère. Il est recherché. On le soupçonne de sympathies royalistes. Je le protège autant que je peux, mais c'est de plus en plus difficile. La police est partout. S'ils le prennent, ils vont le guillotiner !

Un sanglot éclata.

— Je vous en prie, faites quelque chose !

— Je vais le sauver.

— Oh ! Merci, monsieur Fouché.

*Section révolutionnaire*
*Île de la Fraternité*

Le Tribunal révolutionnaire était prêt à siéger. Les deux salles où se tenaient les procès se remplissaient peu à peu. Des charrettes, escortées de gendarmes, amenaient des détenus des différentes prisons de Paris. En tout, quarante-huit accusés, qu'il fallait expédier avant le début de l'après-midi.

Un huissier se tenait près de Fouquier-Tinville. Tous ceux qui travaillaient pour le Tribunal savaient que l'accusateur public était un monstrueux abatteur de besogne qui réclamait de chacun de ses subordonnés un pareil acharnement au travail. Et si par malheur le zèle de ses hommes venait à baisser, Fouquier savait comment les remotiver. Quelques mois auparavant, un greffier dont l'enthousiasme avait faibli, Legris, en avait fait les frais. Accusé à 9 heures, jugé à 10, il était condamné à 14 heures, guillotiné à 16. Une fois la tête tombée, l'accusateur public avait fait le tour des bureaux, clamant haut et fort : « Vous y passerez tous, si la besogne ne va pas mieux. » Aussi l'huissier qui accompagnait Fouquier-Tinville se gardait-il bien de le déranger dans ses réflexions.

L'accusateur public était rentré du Comité, bouillant d'impatience. Il savait que Saint-Just et Robespierre étaient en train d'étudier le dossier qu'il avait concocté sur Fouché. S'il y avait dix fois de quoi l'envoyer à la guillotine, en revanche, malgré tous les efforts de la police, le boucher de Lyon demeurait insaisissable. Son domicile, rue de la Convention, était sous une surveillance constante, mais Fouché ne s'y montrait pas. Or sa fille, Nièvre, était gravement malade. L'enfant, qui n'avait pas encore un an, avait les poumons irrémédiablement atteints. Les médecins ne lui donnaient plus que très peu de temps à vivre. Cette absence inquiétait grandement Fouquier-Tinville, car si sa fille mourait sans qu'il l'eût revue, la vengeance de Fouché serait terrible.

— Si je ne peux abattre le boucher… dit à voix haute l'accusateur public.

À ses côtés, l'huissier devint transparent.

— … il faut que j'atteigne quelqu'un d'autre.

En quête d'une idée, Fouquier regardait les gradins où l'on rassemblait chaque jour les accusés. Il les avait fait rehausser jusqu'à la corniche du plafond. On pouvait y entasser jusqu'à cent soixante détenus. Mais c'était encore insuffisant. Depuis quelque temps, il méditait de mettre la main sur la salle des pas perdus, la plus vaste du Palais de justice. Il avait fait ses calculs, il pourrait y organiser des procès monstres : trois cents accusés en une seule séance ! De quoi donner des sueurs à Sanson, le bourreau de Paris.

En attendant, le problème, c'était le nombre de suspects qui affluaient de toute la France. Fouquier estimait qu'il y en avait plus de huit mille dans la capitale. Il ne savait plus où les emprisonner. Il avait déjà réquisitionné deux collèges, Plessis et Louis-le-Grand, puis il avait accaparé l'archevêché, qu'il avait transformé en hôpital-prison. En effet, la loi interdisant d'exécuter les femmes enceintes, on les parquait, puis on les guillotinait dès qu'elles avaient accouché. Et comme le nombre de détenus ne cessait d'enfler malgré les condamnations à mort, Fouquier venait de s'emparer du collège des Quatre-Nations, face au Louvre. Mais les travaux d'aménagement n'avançaient pas assez vite.

Brusquement, il se retourna. Ses yeux immensément noirs venaient de s'allumer. L'huissier se pétrifia. Fouquier venait d'avoir une idée

L'accusateur public gagna d'abord le corridor qui menait à la tour Bonbec, face à la Seine. Au deuxième étage se trouvaient ses appartements. Avant de partir, il voulait voir sa famille. Sa femme était dans le salon, occupée à des travaux d'aiguille. Elle n'eut que le temps de voir son mari monter dans les chambres hautes où se trouvaient les trois enfants du couple. Auguste, l'aîné, jouait dans sa chambre. Les jumeaux, Henriette et Antoine, dormaient encore. Fouquier pensa à Fouché, terré quelque part dans Paris, et dont la fillette agonisait. Il passa la main dans les cheveux d'Henriette, sa préférée. Jamais personne ne la mettrait en danger. Et pour ça, il devait frapper vite et fort.

La tour Bonbec disposait d'un minuscule escalier à vis qui donnait sur la cour des prisonniers, au centre de la Conciergerie. Fouquier le prenait régulièrement pour vérifier la surveillance. Durant la journée, les cellules étaient ouvertes et les détenus en attente de jugement se répandaient dans la cour. Des centaines d'hommes, venus de tout le pays, se retrouvaient entre quatre longs murs enchevêtrés d'arcades et de tourelles, qui n'avaient pas changé depuis le Moyen Âge. Au hasard des rencontres et des échanges, des groupes imprévus se formaient. Des aristocrates discutaient politique avec des savetiers, des bourgeois de Nantes prenaient langue avec des paysans d'Auvergne. À ceux qui s'étonnaient de voir des prisonniers aussi libres, l'accusateur public répondait par un de ses haussements d'épaules qui marquaient son dédain. Lui savait que cette autonomie apparente était le meilleur moyen d'obtenir des renseignements et d'éventer de possibles complots. Dans chaque cellule se trouvait un « mouton », qui avait les oreilles à l'affût et la langue toujours délatrice. Certains se chargeaient même de messages pour l'extérieur avec l'aide de geôliers réputés complices. Toutes ces missives finissaient sur le bureau de Fouquier qui, aussitôt, faisait surveiller puis arrêter leurs destinataires. Mais la Conciergerie n'était pas la seule prison ainsi infiltrée : Fouquier entretenait un réseau efficace d'informateurs dans tous les lieux de détention de Paris. Une vraie machine à découvrir les complots, autant qu'à les fabriquer si nécessaire.

Quand Fouquier apparut au pied de la tour, les gardes se précipitèrent pour faire rentrer les détenus dans leurs cellules. Un silence de mort régna aussitôt dans la cour. Derrière les barreaux, des centaines de visages scrutaient la marche du « vampire de Paris ». L'accusateur public prenait son temps, s'arrêtant devant une cellule, fixant un prisonnier qui se croyait alors perdu, rebroussant même chemin pour vérifier un détail remarqué de lui seul. Cette ronde aléatoire ressemblait à celle d'un rapace tournoyant en quête de proie. Elle provoquait chez les détenus une peur souvent irrépressible. Après chaque passage de l'accusateur public, les messages affluaient dans les mains des « moutons », rédigés à la hâte par des prisonniers convaincus de leur mort prochaine.

Fouquier fit appeler un commis. Qu'il prévienne le Tribunal. Que ses collègues commencent sans lui. Il serait de retour pour les réquisitoires. Puis il sortit de la Conciergerie. D'habitude, il se déplaçait à pied à Paris, mais là, il était pressé. À l'huissier qui le suivait comme une ombre, il commanda une voiture.

— Pour quelle destination, citoyen accusateur public ?

— La prison de la Petite Force.

Dans sa nouvelle cellule, Thérésa était prostrée dans l'angle humide d'un mur. Dès la première nuit, elle avait récupéré toute la paille souillée qui jonchait le sol pour l'entasser dans un coin. Depuis, perchée sur son tas de détritus, elle essayait de ne pas s'endormir. Dès que son menton s'affaissait sur sa poitrine, elle sursautait, réveillée par les rongeurs qui jaillissaient des interstices des murs. Ils remontaient des souterrains et des caves qui donnaient sur la Seine. Elle entendait leur crissement sur les dalles de pierre. Telle une armée organisée, ils se scindaient en deux groupes qui se rapprochaient peu à peu, obligeant Thérésa à une surveillance affolée de tous côtés. Comme elle se tenait à quelques dizaines de centimètres du sol, les rats étaient obligés de sauter pour l'atteindre, mais certains, plus audacieux, tentaient de s'infiltrer à travers la paille. Elle avait réussi à en écraser deux et les lambeaux de sa robe étaient couverts de sang et de chair mêlés. Mais ce n'était rien en regard de ses pieds. Tous ses orteils étaient lacérés de coups de griffes et de dents et saignaient continuellement. Elle avait dû déchiqueter de ses mains un rat qui ne voulait pas lâcher prise, tentant de lui arracher le petit orteil. Plusieurs fois elle avait tenté d'aller frapper à la porte pour demander, supplier du secours, mais c'était pire. Une marée grise et rageuse se précipitait alors pour l'attaquer de toute part.

Depuis, elle ne cessait de hurler.

Devant Fouquier-Tinville, le guichetier avait glissé ses mains sous son bureau de peur qu'elles ne tremblent. Cette deuxième visite de l'accusateur public en quelques heures l'épouvantait. Et si un complot de prisonniers avait lieu entre ces murs ? La dernière conspiration dans une prison avait envoyé plus de cent personnes à la guillotine. Il n'en dormait plus.

— Où est la Cabarrus ?

— Dans une des cellules basses, comme vous me l'avez demandé.

— Va la chercher.

Thérésa ne pouvait plus poser un pied à terre. Deux gardiens la portèrent jusque devant l'accusateur public. Il n'y avait pas de chaise. Elle roula au sol.

— Montre ton visage.

Attentif, Fouquier examina ses yeux. Il avait l'habitude. Depuis le temps qu'il observait les accusés au tribunal, il savait à quel moment le regard reflétait plus que de la peur. Et les yeux de Thérésa étaient à point.

— Signer… je vais signer…

— Hier, tu pouvais encore. Aujourd'hui, c'est fini.

— Mais je signerai… tout ce que vous voulez…

— Trop tard. Nous n'avons plus besoin que tu dénonces Tallien.

Thérésa tenta de se relever, mais ses pieds saignaient trop.

— Je ne comprends pas.

— Nous avons passé un accord avec lui. Désormais, il soutient Robespierre.

— Et moi ?

— Toi, tu meurs.

Fouquier ricana.

— Il t'a abandonnée.

Thérésa voulut hurler, mais elle ne trouva aucun son au fond de sa gorge.

— Dès demain, tu passeras devant le Tribunal.

L'accusateur public se dirigea vers la porte.

— Attendez… Tallien… je veux lui écrire.

Fouquier saisit une feuille et une plume sur le bureau du guichetier et les fit tomber au sol.

— L'encre…

— Il n'y en a pas, prends le sang qui coule de tes pieds.

Quand Thérésa eut fini d'écrire, l'accusateur public appela le guichetier.

— Change-la de cellule et surtout, fais-la laver. Les gendarmes viendront la chercher demain.

Dans la rue, Fouquier déplia le billet de Thérésa :

*À Tallien,*

*Je monterai demain au Tribunal, c'est-à-dire à l'échafaud. Cela ressemble peu au rêve que j'ai fait cette nuit... Robespierre n'existait plus et les prisons étaient ouvertes. Un homme courageux suffirait peut-être pour le réaliser ; mais grâce à votre insigne lâcheté, il ne restera personne qui puisse jouir d'un tel bienfait.*

*Adieu*

L'accusateur roula le billet avec soin dans la poche intérieure de sa redingote. Il saurait s'en servir au bon moment.

*Section des Tuileries*
*Pavillon de l'Égalité*
*Bibliothèque*

Maximilien regarda l'horloge. Il était 11 heures. Saint-Just allait parler dans moins d'une heure. Il saisit une orange et l'éplucha par strates concentriques de plus en plus larges sans jamais en faire tomber un seul morceau. La pelure qu'il posa sur la table laissait croire que l'orange était intacte, or l'intérieur était vide. Il ressentit une satisfaction puérile à ce jeu inutile. La même que quand il lançait un bâton à Brount dans la Seine. Le temps pur. Sans désir ni pensée.

Autour de lui, chacun s'interrogeait sur ce qu'il pensait, projetait. Barras, Tallien, Fouché, tous tentaient de déchiffrer ses intentions. Et lui jouait avec une orange. L'idée qu'on le pense occupé à des desseins imprévisibles le divertissait. Une fois encore, il était devenu le centre insaisissable autour duquel allait tourner la grande roue du destin.

Ces moments étaient rares où il se sentait parfaitement en équilibre. Il ne savait s'il le devait à la fatigue qui ne le quittait plus ou à ces fulgurants accès de certitude qui le saisissaient de plus en plus intensément. Il avait l'impression parfois qu'il ne faisait qu'obéir à un destin impeccablement tracé. Comme cette pelure d'orange qui s'enroulait dans un ordre parfait. Cette sensation d'évidence le distinguait des autres, surtout dans les moments de crise politique. Quand tous, autour de lui, perdaient la tête, lui restait étrangement insensible et détaché. Et c'est dans ce calme impénétrable qu'il trouvait chaque fois la force de dompter les événements.

Il se rappelait le procès de Danton, quand après trois jours de débats Georges avait écrasé, broyé un par un les juges sous son éloquence. Sa voix, terrible et fulgurante, avait retourné le public qui était prêt à le délivrer par la force. Affolé, Fouquier-Tinville avait supplié qu'on lui vînt en aide. Au Comité, Barère, Collot, Carnot, suants de peur, voyaient déjà l'émeute les balayer. Lui avait obtenu de la Convention abasourdie que l'accusé, contre toute règle de droit, fût exclu des débats, et la tête de Danton avait roulé dans le panier à son.

Au fond de lui, il était certain qu'une force impérieuse éclairait son chemin, guidait ses pas, faisait de lui l'incarnation de la vérité universelle : celle de l'Histoire en marche que rien ne pouvait entraver. C'était dans cette révélation que se trouvait sa foi en l'Être suprême. La royauté ne s'était pas effondrée par hasard, la République n'avait pas surgi du néant, ses ennemis n'avaient pas été balayés sans raison : une énergie supérieure agissait, qu'il avait voulu dévoiler au monde entier.

Mais Maximilien sentait cette force l'abandonner. Il était comme un cheval trop longtemps lancé au galop. L'épuisement l'assaillait de toute part. Son destin se brouillait. Il n'apercevait plus les opportunités politiques comme avant, il ne prenait plus les décisions avec le savoir-faire et la rapidité nécessaires. La Révolution se détachait de lui : Robespierre quittait Maximilien.

Il saisit la pelure d'orange et la broya. Il n'aimait pas se laisser emporter par son exaltation intérieure. Cela avait été le cas, la veille, au club des Jacobins. Devant l'enthousiasme de la foule, il avait senti sa vie se dilater à un point qu'il n'avait jamais connu. Comme s'il touchait à sa fin. Et il n'avait pu s'empêcher de prononcer des paroles définitives : « Frères et amis, c'est mon testament de mort que vous venez d'entendre. »

Ses partisans avaient rugi leur amour, leur passion. David, exalté, s'était mis à hurler : « Robespierre, si tu bois la ciguë, je la boirai avec toi ! »

Il n'en pensait pas un mot, évidemment. Robespierre, lui, avait ajouté : « Je vous laisse ma mémoire, vous la défendrez. »

Sur le chemin du retour chez les Duplay, Hanriot avait donné libre cours à son admiration : « Ce soir, vous avez gagné le cœur du peuple comme jamais. Ces dernières paroles, vibrantes, tragiques, quel effet ! » Maximilien avait été surpris : il ne s'agissait en rien d'une tactique, mais d'une évidence ; il n'avait pas rectifié. Lui seul savait qu'il n'avait jamais triché. Désormais, il ne s'expliquerait plus.

Sur la table, Fouquier avait laissé des libelles clandestins saisis par la police. Tous avaient un seul objet : lui, Maximilien. D'habitude, il jetait ces torchons infâmes sans daigner leur jeter un regard. Il savait trop ce qu'ils contenaient. Du sang et des excréments. Inlassablement.

Pourtant, il regarda un par un les titres, puis rejeta chaque pamphlet sur le velours vert de la table. Demain, quand il aurait triomphé de la Convention, il ne resterait rien de ces écrits ni de leurs auteurs. L'un, pourtant, était resté entre ses mains. Il ne s'agissait pas, comme d'habitude, d'un texte truffé d'injures et débordant d'insultes, non : son auteur anonyme prétendait retracer sa jeunesse à Arras, avant qu'il devienne Robespierre.

L'Incorruptible fronça les sourcils. Il détestait entendre parler de son passé. Bonbon, la veille, quand il y avait fait allusion, s'était fait froidement rabrouer. Juste avant de paraître à la Convention et d'affronter ses adversaires, il se demanda subitement ce qu'il resterait de lui s'il venait à disparaître. Lui savait ce qu'il voulait : sa vie privée insignifiante devait s'éclipser derrière ses discours, s'effacer derrière son action politique.

Mais ceux qui écriraient sur lui ? Jusqu'où iraient-ils ? Plongeraient-ils dans les ruelles grises d'Arras, dans les secrets de sa famille, dans le cœur trouble de son enfance ? Jusqu'où peut-on aller pour tenter de comprendre un homme devenu son destin ?

Maximilien posa les feuillets sur la table et commença de déchiqueter les restes de la pelure d'orange.

Que dirait-on de sa mère ? De cette fille de brasseur qui avait dû se marier à la hâte pour dissimuler la honte d'être tombée enceinte de lui, Maximilien ? Parlerait-on de sa mort, quand, épuisée par des grossesses à répétition, elle avait succombé en mettant au monde son cinquième enfant ? Quel âge avait-elle, déjà ? Vingt-neuf ans.

Dans la bibliothèque, l'horloge se mit à tinter. Il restait une demi-heure avant qu'il se rende à la Convention. Robespierre se leva et vérifia sa coiffure dans le miroir.

À qui ressemblait-il ? À son père, l'absent de toute sa vie ? À celui qui avait refusé de signer le certificat de décès de sa femme, d'assister même à son enterrement, et qui avait fui en abandonnant ses enfants ? Était-il fou ou simplement lâche ? On ne l'avait revu que deux fois à Arras et, chaque fois, il était venu pour demander de l'argent. Il avait même signé un papier pour déshériter ses enfants à son profit…

Maximilien s'observait dans le miroir. De qui tenait-il ce regard, parfois gris, parfois vert, mais toujours fixe ? De cette mère morte ou de ce père évanoui ?

S'il ne se souvenait pas de sa mère, il se rappelait en revanche très bien la séparation de la fratrie. Les filles avaient été recueillies par leurs tantes. Bonbon et lui avaient fini chez les grands-parents maternels, des brasseurs de bière qui espéraient que Maximilien, l'aîné, reprendrait leur petite affaire. C'était mal le connaître. Pour fuir ce peuple qu'il défendait tant aujourd'hui, il était prêt à tout. Et d'abord à travailler comme un forcené. Mais ce que tout le monde répéterait – il le savait déjà –, c'est que, pour échapper à la fatalité de son milieu, il avait accepté une bourse de l'Église. Cette Église qui l'avait aidé et dont il avait supprimé les lieux de culte et anéanti le clergé.

Robespierre était toujours immobile devant le miroir. Du dehors montait le vacarme de la foule qui venait assister à la séance de la Convention. Maximilien avait parfois l'impression que le peuple de Paris s'y rendait comme aux jeux du cirque, pour voir dans l'arène le combat furieux des gladiateurs du verbe. Et jouir de leur mise à mort.

Comment pouvait-il penser au passé face aux enjeux du moment ? De toute façon, il savait déjà que tout lui serait compté à charge, jusqu'au moindre détail. Pis encore, on tenterait un jour de justifier toutes ses actions par la jalousie, la rancœur, nées des vexations endurées dans sa jeunesse. Il en était certain. La preuve ? Cette histoire qu'on ne cessait de colporter sur son compte : alors qu'il était jeune élève à Louis-le-Grand, le cortège du roi Louis XVI devait passer devant la grille de son collège. Des heures durant, on avait fait attendre les élèves sous la pluie. Et quand enfin le carrosse royal était apparu, on avait obligé Maximilien à s'agenouiller dans la boue et il avait débité son compliment devant une vitre qui ne s'était jamais baissée. Robespierre n'avait jamais démenti cette histoire. Vraie ou fausse, ce qui comptait c'était le face-à-face symbolique entre l'enfant humilié et l'auguste personne royale. Des années plus tard, tout s'était retourné.

Dans le sang.

Dehors, le brouhaha s'intensifiait. Robespierre savait qu'il devait sortir, affronter la multitude des regards et se préparer à parler. Saint-Just, Couthon devaient déjà être prêts. Dans les tribunes, le peuple s'entassait, sur les bancs les députés s'interrogeaient. L'Incorruptible replia ses souvenirs. Son passé n'expliquait rien, il n'y avait que l'Histoire en mouvement et elle n'attendait pas.

*Section de l'Unité*
*Église Saint-Germain*

Collot d'Herbois n'aimait pas les églises, mais c'était le dernier endroit, selon lui, où on viendrait le chercher. Après avoir quitté le Comité, il avait franchi la Seine pour se rendre à l'ancienne abbaye Saint-Germain. Depuis qu'on en avait chassé les moines, l'abbaye était devenue une poudrière. Au propre comme au figuré. Car si l'on y affinait du salpêtre pour fabriquer de la poudre à canon, l'immensité de ses bâtiments désaffectés servait aussi de gîte à tous les réprouvés de Paris. On y croisait même des familles qui, des fenêtres dévastées de l'ancien palais abbatial, tentaient de communiquer avec les détenus de la prison de l'Abbaye toute proche. Les rondes de gardes nationaux, les patrouilles de sans-culottes y étaient devenues incessantes et les arrestations de plus en plus nombreuses. Une vraie gueule du loup pour tous ceux qui s'y réfugiaient. Mais Collot était justement convaincu qu'il y passerait inaperçu.

L'ancien acteur arpentait la nef de l'église où des ouvriers entassaient des sacs de salpêtre. Au cas où, il avait avec lui sa carte de député qui lui donnait le droit d'inspecter tous les ateliers de la République. Toutefois, pour ne pas provoquer inutilement le sort, il se dirigea vers un coin moins exposé aux regards.

Pour ne pas éveiller l'attention, il avait noué ses cheveux sous un chapeau à bords ronds qui lui donnait l'air d'un provincial fraîchement débarqué. Tout en marchant, il réfléchissait.

La veille, il avait failli se faire écharper aux Jacobins. Juste pour avoir osé demander la parole… Si demain Hanriot mobilisait la garde nationale et Couthon les quartiers populaires, la Convention serait balayée.

Il repensait aux réactions des députés au discours de Robespierre, une erreur fatale selon lui. Ceux qui avaient contredit l'Incorruptible comme ceux qui ne l'avaient pas soutenu avaient du souci à se faire. Le chat-tigre, avec son discours ambigu, avait réussi à faire sortir du bois tous ses adversaires.

Billaud qui avait parlé trop vite, Vadier qui avait parlé trop fort et Cambon qui avait trop parlé tout court, tous étaient bons pour la prochaine charrette !

Et si personne ne faisait rien, il y passerait aussi.

Un des ouvriers, qui entassait des sacs de salpêtre contre un des piliers du transept, finit par le repérer.

— Je peux vous aider, citoyen ?

Collot porta la main à son chapeau et, d'une voix où rocaillait l'accent de l'Auvergne, il se mit à jouer son rôle.

— J'étais venu, il y a longtemps… Pour sûr, ça a bien changé… Je me souviens, là, il y avait…

Au hasard, il désigna la droite de l'autel.

— La châsse qui contenait les reliques de saint Germain ? hasarda l'ouvrier.

— C'est ça ! s'exclama Collot, soulagé.

— Elle a été fondue. La République a besoin d'or et d'argent pour les braves qui se battent en Vendée et sur le Rhin.

De nouveau, l'ancien acteur tendit le bras.

— Et là, le jardin, il a pas un peu changé aussi ?

Le sol était défoncé, creusé de toute part, foré comme une termitière. Seul un arbre, aux larges branches, avait échappé au ravage.

— C'était le cimetière, il y avait des tombes de roi, expliqua l'ouvrier. Alors évidemment, on a fait de la place.

Collot approuva vigoureusement du chef.

— Une bonne chose. Comme j'ai deux « païs » à moi qui vont me rejoindre, je me suis dit que j'allais les attendre à l'ombre.

Rassuré, l'ouvrier s'éloigna. Collot sourit sous son chapeau. Il était toujours aussi bon comédien.

Barras surgit le premier. Collot le laissa un moment déambuler dans l'église pour vérifier qu'il n'était pas suivi, puis il héla.

— Alors cousin, bien arrivé ?

Barras comprit aussitôt la supercherie et se pencha pour le serrer dans ses bras. Après les embrassades de rigueur, Collot l'entraîna dans le jardin, à l'ombre protectrice de l'arbre épargné.

— On n'a que peu de temps. Il y a une patrouille tous les quarts d'heure. Tu as des nouvelles ?

Barras porta la main à sa poche, mais ne sortit pas les preuves qu'il avait obtenues au Palais-Royal. Il s'était toujours méfié de l'ancien acteur.

— Presque rien, et toi ?

— Hier, nous avons eu un affrontement avec Saint-Just. Ce matin, il est passé au Comité. Tout miel. Il nous a tendu la main, soi-disant pour nous réconcilier avec Robespierre. Il affirme qu'il va prononcer un discours d'apaisement et de réconciliation.

— Et tu le crois ?

— Il cherche à nous endormir pour mieux nous abattre. La Convention est tendue comme un fil prêt à rompre. Il va la détendre par de belles paroles. Et à la fin, ce sont nos têtes qu'il tranchera.

Barras pensa à la nuit qu'il venait de passer. Il n'avait aucune envie que ce soit la dernière.

— Tu peux disposer de combien de députés ?

— Tous ceux qui ont parlé contre Robespierre hier. Ils savent que désormais ils sont en sursis. Cambon, Billaud, Vadier…

— Cambon ! Tu plaisantes ? À l'heure qu'il est, il doit se vider de peur dans des latrines. En revanche, Billaud, c'est un solide. Quant à Vadier…

Barras eut un sourire amer. Vadier était le président du Comité de sûreté générale qui lançait les ordres d'arrestation. Il avait tellement de sang sur les mains que la seule manière de les laver, c'était de les plonger dans celui de Robespierre et de ses amis. On pouvait compter sur lui, mais il faudrait s'en débarrasser très vite après.

Collot reprit :

— Et puis, il y a tous ceux qui se sentent menacés. Panis, Lecointre, Mallarmé…

Barras le coupa.

— Sauf que d'eux-mêmes, ils ne se lanceront pas dans la bataille. Pour les engager, il faut provoquer un accident, une altercation…

L'ancien représentant en mission regarda les tonneaux de poudre entreposés dans la nef.

— Ce qu'il nous faut, c'est une mèche à allumer.

Un pas se fit entendre. Tallien venait d'arriver. Les cheveux en désordre, l'habit en déroute, il était méconnaissable.

— Je ne peux pas rester longtemps, annonça-t-il.

— L'endroit est sûr, affirma Collot, j'en réponds.

— Comme s'il existait encore un lieu sûr, ricana Tallien. Tu ne vois pas qu'« ils » sont partout ?

Barras intervint.

— Raison de plus pour agir très vite. Si nous n'arrêtons pas Robespierre aujourd'hui, nos jours sont comptés. Beaucoup de députés sont prêts à passer à l'offensive…

Malgré sa peur, Tallien éclata de rire.

— Pauvres fous, vous n'aurez même pas le temps d'ouvrir la bouche que vous serez égorgés !

Collot le saisit par la manche.

— Qu'est-ce que tu racontes ?

— Il y a une liste et nous y sommes tous.

— Des listes, il en sort tous les jours, s'exclama Barras. Tu ne crois quand même pas qu'on va guillotiner tous les noms qui circulent ?

— Guillotiner, non, égorger, oui.

Malgré son habileté à donner le change, Collot commençait à perdre pied.

— C'est quoi, cette folie ?

— Tout le monde croit que Robespierre va exiger des mises en accusation aujourd'hui. Pas du tout. Cette fois, il ne va pas réclamer des têtes à la Convention, il va les offrir au peuple.

— Je ne comprends pas, balbutia Collot.

— Une insurrection est prévue cette nuit. On donnera l'adresse des députés aux sans-culottes les plus déterminés et ils feront le sale travail.

Barras pensa à ces policiers au pied de son immeuble, la veille. Et s'ils étaient venus vérifier son adresse ?

— Et le lendemain, devant une Assemblée terrorisée, Robespierre demandera les pleins pouvoirs. Et il aura tout.

— Ce n'est pas possible…

Tallien semblait de plus en plus agité.

— Il faut que j'y aille.

— Tu sais ça comment ?

Tallien se dit que ce n'était pas le moment de mouiller Barère. S'il n'y en avait qu'un à survivre à la purge, ce serait bien lui.

— Je n'ai qu'un conseil à vous donner : ne vous opposez pas à Robespierre aujourd'hui. Quoi que dise Saint-Just, quoi que dise Maximilien, soutenez-les. C'est la seule manière de gagner du temps.

— Et après ? interrogea Collot.

— Si nous ne sommes pas tués cette nuit, il faudra fuir le pays. J'ai encore des amis à Bordeaux. Ils nous aideront à passer l'Atlantique.

Acculé, Barras s'insurgea :

— Jamais je ne céderai devant ces fous ! Jamais !

Il serrait contre sa poitrine les preuves qui accablaient Duplay. Il en avait fait des copies. Dès qu'il serait à la Convention, il les distribuerait. Tallien le regarda avec pitié :

— Alors tu vas mourir.

# 9 THERMIDOR
## (27 juillet)

## Dimanche après-midi

*Section des Tuileries*
*La Convention*
*Midi*

Devant l'Assemblée, un secrétaire à la voix atone lisait la correspondance adressée à la Convention. Une commune annonçait que, grâce à l'ardeur de ses concitoyens, sa moisson serait cette année exceptionnelle. Des députés s'impatientaient. Chaque matin, c'était la même litanie. Pas un district, pas un département qui n'écrivît à l'Assemblée pour se glorifier d'un acte patriotique.

L'attention revint quand on donna le chiffre des assignats qui seraient retirés de la circulation. Pour tenter d'enrayer une inflation devenue incontrôlable, on décidait chaque matin du volume des billets qui seraient brûlés. Pour beaucoup de députés, cette information était la plus importante de la journée : si le montant d'assignats détruits était à la hausse, c'était le moment d'acquérir discrètement terres et immeubles en monnaie de papier, car dans les jours prochains elle vaudrait encore moins.

Assis au premier rang, Saint-Just, son discours à la main, attendait. Collot d'Herbois, qui devait présider la séance, n'était pas encore arrivé. L'Archange lissa un pli sur sa cravate gris perle. Robespierre apparut. Il descendit lentement l'allée et prit place auprès de Saint-Just. Son visage était aussi pâle que sa perruque. Son frère s'approcha :

— Je viens de croiser Barère. Il tente de calmer Billaud. Il s'est fait assaillir par tes partisans hier soir aux Jacobins ! Depuis, il crie partout qu'on a voulu l'assassiner.

— Billaud grogne, mais ne mord pas. S'il prend la parole, ses aboiements lasseront l'Assemblée.

Bonbon n'insista pas. Après tout, son frère avait peut-être raison. Ses adversaires n'étaient sans doute que des chiens, pas des loups.

Barère se passa la main sur le front. Depuis son arrivée à la Convention, ses talents de médiateur étaient mis à rude épreuve. Il avait à peine réussi à calmer Billaud que Couthon, précédé du bruit de crécelle de son fauteuil roulant, faisait son entrée.

— Je ne vois pas ton ami Tallien dans l'Assemblée.

— Tallien n'est pas plus mon ami que…

— Il a pourtant dîné chez toi hier soir.

Barère ne se laissa pas démonter.

— Il est venu pour me demander conseil : je lui ai suggéré de prendre du champ.

— Pour mieux comploter, comme Fouché ?

Une rumeur qui montait de l'escalier évita à Barère de répondre. Collot d'Herbois venait d'arriver. La véritable séance allait commencer. Pour autant, Couthon ne le lâcha pas :

— Et Barras, on vient de le voir distribuer des papiers à des députés. Il a filé avant qu'on ne l'attrape.

— Va au Palais-Royal, tu le trouveras sûrement chez une catin.

Couthon lui fit signe de s'approcher.

— Écoute-moi bien, Barère. Il y a ceux dont nous sommes sûrs. Et puis il y a les autres… Ne nous déçois pas.

Sans attendre de réponse, Couthon fit signe qu'on le porte jusqu'à son banc. Barère eut un moment d'abattement. Des années qu'il se balançait avec une corde autour du cou et, pour la première fois, il se sentait plus que vaciller. Comme il s'appuyait sur une des colonnes à l'entrée, il aperçut David qui se rendait en séance. Il l'arrêta. Autant sauver celui-là.

— N'y va pas. Toi, tu es un artiste.

Le visage déjà marqué par l'insomnie, David acheva de se décomposer. Il resta un instant en suspens, comme un danseur qui hésite, puis fit brusquement volte-face. En un instant, il avait disparu.

Barère eut un sourire désabusé. Il y avait toujours plus lâche que soi.

Tallien, lui, se tenait à l'entrée de la Convention. Vêtu de noir, la cravate défaite, le bas de son habit crotté d'être venu à pied de Saint-Germain, il regardait l'ancien palais des rois où allait se jouer son destin. Encore quelques minutes et Saint-Just allait prendre la parole. Alors la mécanique implacable de la mise à mort s'enclencherait et rien ne l'arrêterait plus. Ni Collot, ni Billaud, ni Barras, ni personne. Broyés et moulus par l'offensive de l'Archange, affolés et terrorisés par celle de Robespierre, les députés leur offriraient en sacrifice tout ce qu'ils réclameraient, trop heureux de sauver leur vie au prix de quelques têtes. Fouquier devait déjà être en train de rédiger l'acte d'accusation et le bourreau d'insérer une nouvelle lame dans le couperet.

— Surtout ne vous retournez pas, citoyen.

Tallien pensa qu'on l'arrêtait. Cette fois, c'était fini.

— C'est une lettre. Prenez.

Interdit, il se retrouva avec un papier dans la main. Et si c'était un piège? Si on essayait de le compromettre? Il faillit jeter le message. Puis il se reprit.

Il ne pouvait plus vivre ainsi.

Sans cesse sous le coup de la peur.

Il déplia le papier.

Et reconnut l'écriture de Thérésa.

Essoufflé, Collot monta à la place de président. Pour se donner une contenance, il fit semblant de trier les papiers, mais l'Assemblée s'impatientait, il ne pouvait retarder l'inévitable. D'une voix sourde, il annonça :

— La parole est à Saint-Just.

L'Archange se leva. Les dessinateurs, dans les tribunes, se précipitèrent sur leurs crayons. Il monta au plateau d'orateur, sans un regard pour tous les députés qui le fixaient, fiévreux et fascinés. Ce n'était ni du dédain ni de l'arrogance : Saint-Just vivait d'abord dans le monde des idées. Il ne parlait pas pour convaincre, mais pour arracher des bribes de lumière à la vérité.

— Regarde ce poseur! s'exclama Billaud. Il méprise les insectes que nous sommes!

— Quand Saint-Just parle, ironisa un député, c'est face à l'éternité et toujours pour la postérité.

Avant que les railleries ne s'étendent, la voix de l'Archange s'éleva, froide et déterminée :

— Je ne suis d'aucune faction; je les combattrai toutes.

Pendant qu'il continuait à parler, les députés s'interrogeaient. Saint-Just se plaçait-il au-dessus de la mêlée, ou alors prenait-il de la distance avec l'Incorruptible? Soudain une voix, exaltée, hurla :

— Je demande la parole !

Toute l'Assemblée se retourna. Tallien venait de surgir, dévalant l'allée qui menait à l'orateur.

— Je veux la parole ! hurla de nouveau Tallien.

Saisissant l'opportunité, Collot lui fit signe de monter sur l'estrade. De son banc, Robespierre se leva d'un bond, imité par son frère qui s'écria :

— Rendez la parole à Saint-Just !

Mais Tallien était lancé.

— L'orateur prétend n'appartenir à aucune faction ?

L'amant de Thérésa se frappa la poitrine.

— Eh bien, moi, je n'appartiens qu'à moi-même, qu'à la liberté !

Une première salve d'applaudissements jaillit du groupe des députés qui s'étaient opposés la veille à l'Incorruptible. Tallien se précipita à la tribune, bousculant Saint-Just.

— Je demande que le rideau soit entièrement déchiré.

Étonné de sa propre véhémence, Tallien manqua subitement de souffle. Aussitôt, Billaud se précipita à sa rescousse. Juste avant qu'il ne prenne la parole, Barère lui souffla à l'oreille :

— N'attaque que Robespierre. Laisse Couthon et Saint-Just.

Diviser pour l'emporter. La devise de Barère. Billaud, chemise ouverte comme si on venait juste de la déchirer, s'élança :

— Hier soir, la société des Jacobins était remplie d'hommes qui vomissaient ouvertement les infamies les plus atroces… Hier soir, on a développé dans cette société l'intention d'égorger la Convention nationale.

Affolés, beaucoup de députés se tournèrent vers les tribunes comme s'ils s'attendaient à voir surgir leurs bourreaux. Billaud profita immédiatement de l'aubaine. D'un doigt vengeur, il désigna les rangs de la Montagne :

— Là, je vois un de ces hommes qui menaçaient les représentants !

La peur devint colère, une empoignade éclata dans les rangs de la Montagne. Protégé par le chaos qu'il venait de créer, Billaud se tourna vers le Marais en pleine confusion.

— Le moment de dire la vérité est arrivé… L'Assemblée est entre deux égorgements. Elle périra si elle est faible.

Cette fois, les applaudissements éclatèrent. D'abord des rafales nourries, puis une marée que plus rien ne semblait pouvoir arrêter.

Pour Robespierre, c'en était trop. Il se précipita au pied de la tribune pour en expulser Billaud. S'il parlait, il pouvait encore retourner la situation. Une huée le saisit en plein élan :

— À bas le tyran !

Tallien surgit, lui barrant le passage. :

— J'ai vu hier la séance des Jacobins… J'y ai vu se former l'armée du nouveau Cromwell…

D'un index rageur, il désigna Maximilien.

— Alors si la Convention n'a pas le courage de le mettre en accusation…

Brusquement, Tallien brandit un poignard.

— … je lui percerai le cœur.

*Section de la Fraternité*
*Bord de Seine*

Fouquier sortit du Tribunal révolutionnaire avec un regard pour le ciel. Depuis le matin, les nuages tournaient sans fin au-dessus de la capitale. Certains, lourds et sombres, s'étaient même arrêtés sur Notre-Dame, comme s'ils allaient s'empaler sur une des tours. Fouquier remonta la rue de la Barillerie jusqu'au quai de l'Horloge. Sur la rive droite, des volontaires de la garde nationale faisaient manœuvrer une batterie de canons. Il se demanda s'il s'agissait d'un exercice. L'accusateur public plissa les yeux pour voir s'il apercevait Hanriot, mais le général devait être à l'Hôtel de Ville avec son état-major. Fouquier traversa le pont de la Raison qui surplombait la Seine. Le fleuve était à l'image du ciel, sombre et incertain. Comme à son habitude, Fouquier marchait vite, tête baissée, pensant à « son » Tribunal. Il l'examinait comme le mécanisme d'une horloge, du ressort au balancier, rouage par rouage, pignon par pignon. Rien n'échappait à sa vigilance. Tout devait être parfaitement en ordre, de la plume taillée du greffier qui notait la sentence à la roue soigneusement graissée de la charrette qui conduisait les condamnés. Fouquier ne tolérait aucune approximation.

La mort ne supportait pas le hasard.

Le lendemain matin, quand l'Incorruptible en aurait fini avec la Convention, le Tribunal devrait être prêt.

Prêt à se surpasser.

*Section des Tuileries*
*La Convention*

Collot n'en croyait pas ses yeux. Devant lui, Tallien venait de sortir un couteau et menaçait Robespierre. Que s'était-il passé ? Comment l'homme qu'il avait laissé à Saint-Germain tremblant de peur s'était-il soudainement métamorphosé en Brutus ? Même dans ses rêves d'acteur les plus fous, Collot n'avait jamais pensé se trouver au centre d'une telle tragédie. Désemparé, il chercha du soutien dans l'Assemblée, mais tout ce qu'il voyait, c'était le chaos en marche. Dans les bancs, certains tentaient de fuir. D'autres, le poing levé, le visage enflammé, hurlaient leur colère.

— Assassins !

— Misérables !

Dans les rangs de la Montagne, des échauffourées venaient d'éclater. On s'accusait de trahison. La Plaine, elle, n'était plus qu'une immense bousculade.

Les huissiers étaient dépassés, les gendarmes tétanisés, mais ce qui inquiétait le plus Collot, c'étaient les tribunes du public, chauffées à blanc. En haut, on s'invectivait, on se menaçait. Deux hommes, agrippés l'un à l'autre et poussés par la foule, vacillaient sur le garde-corps. S'ils chutaient dans la salle, ce serait la panique.

Billaud, épouvanté par le geste de Tallien, tentait de s'échapper. Sa tête ne tenait plus qu'à un fil, il le savait. Mais Bonbon et Saint-Just, spontanément, faisaient un mur au pied de la tribune pour protéger Maximilien. Aucune fuite n'était possible. Dans la salle, seul Barère restait immobile. Lui qui avait toujours rallié le vainqueur, il attendait. C'était sa force. Ne pas succomber à la confusion. Résister à la peur de tout perdre, à la vanité de jouer un rôle, tenir jusqu'au moment où il ferait tout basculer. Dans un sens ou dans l'autre.

Tallien recula. Il avait joué son va-tout. Ou il arrivait à profiter de la confusion de l'Assemblée, ou lui et ses amis étaient morts. Il lâcha son poignard et serra la lettre de Thérésa dans sa poche avant de s'écrier :

— La justice nationale doit frapper les scélérats !

L'Assemblée hésitait. Il devait lâcher un nom. Mais pas celui de Robespierre, pas encore.

— Je demande l'arrestation d'Hanriot.

*Section de la Fraternité*

Fouquier longeait l'Hôtel de Ville, l'esprit toujours rivé sur son Tribunal. Chaque fois qu'il avait fini un réquisitoire, il scrutait avec attention le public dans les tribunes. Sa curiosité n'était en rien innocente, car souvent des proches des accusés venaient assister au procès. Il les reconnaissait toujours à l'expression de leur visage qui se désagrégeait à l'annonce du verdict. Discrètement, il faisait alors prévenir un gendarme pour lancer une filature et, parfois, un complice imprudent tombait ainsi entre ses mains. À force d'attention, il avait fini par définir trois types de spectateurs : les *politiques*, des Jacobins purs et durs, présents pour soutenir l'action du Tribunal ; les *égarés*, qui venaient une fois par curiosité et qu'on ne revoyait jamais ; les *fascinés*, qui semblaient cloués à leur banc. L'un d'eux, d'ailleurs, avait fini par l'intriguer, au point qu'il s'en était ouvert à Coffinhal, le vice-président du Tribunal révolutionnaire. Celui-ci avait éclaté de rire.

— Parbleu, c'est mon voisin, Vergne. Un rentier et un de tes grands admirateurs.

C'est ainsi que l'accusateur public se rendait sur l'île de la Fraternité, l'ancienne île Saint-Louis, pour répondre à une invitation à dîner de Vergne qui, avec toute sa famille, l'attendait comme le Messie. Fouquier savait qu'il cristallisait la haine, pas qu'il suscitait l'admiration. Il découvrait qu'il avait ses dévots fascinés par son autorité, ses adulateurs éblouis par son pouvoir de décider de la vie et surtout de la mort de ces concitoyens. Quand il passa le pont Marie, il aperçut, en prolongement du palais du Louvre, la toiture grise des Tuileries. Saint-Just devait être en train de parler et Robespierre, en embuscade, attendait le moment de la purge finale. Il s'arrêta pour regarder, reflétée dans la Seine, la course des nuages qui pourchassaient le soleil. À ce moment, il comprit qu'il était le grand veneur de la Révolution, dont Robespierre, Couthon, Saint-Just étaient les limiers. Impitoyables, ils traquaient sans cesse les proies pour que lui les achève. Il regarda encore la Convention. Bientôt, la grande curée allait commencer.

Et c'est lui qui sonnerait l'hallali.

*Section des Tuileries*
*La Convention*

Lancée par Tallien, la demande de mise en accusation d'Hanriot provoqua un cri unanime de la Convention. Un cri de soulagement. Depuis trop longtemps, la garde nationale échappait à tout contrôle, elle devait être mise au pas et son état-major démantelé. Et puis, mettre Hanriot en prison, c'était priver le chat-tigre de ses griffes. Les conventionnels, enfin, passaient du silence à la parole, de l'humiliation, trop longtemps subie, à la reconquête de leur pouvoir. Malgré le tumulte, Collot réussit à agripper un secrétaire :

— Enregistrez le décret et faites-le exécuter. Tout de suite.

Dressés comme un bloc, Robespierre, son frère et le député Le Bas qui venait de les rejoindre tentaient de faire face. À plusieurs reprises, Le Bas s'évertua à vouloir prendre la parole. Collot le somma de se taire. Comme il refusait de se soumettre, une clameur monta :

— À l'Abbaye ! À l'Abbaye !

Le nom de la prison, une des plus redoutées de Paris, résonna comme un tocsin. Tallien en profita :

— Je réclame que la Convention décrète l'arrestation des créatures de Robespierre.

Les applaudissements éclatèrent aux cris de : « Vive la République ! » Ulcéré, l'Incorruptible se précipita :

— Je demande la parole !

L'Assemblée lui répondit en scandant :

— À bas, à bas le tyran !

Refoulé, Robespierre se retourna et remonta l'allée centrale. Les députés baissaient la tête sur son passage. Il s'arrêta devant la Montagne :

— C'est à vous, hommes libres, que je m'adresse, et non à ces brigands…

Un silence lugubre lui répondit. Ulcéré par l'humiliation, Maximilien laissa échapper :

— Mieux vaut la mort !

— Tu la mérites mille fois, répliqua une voix.

*Section de la Fraternité*
*Rue Le Regrattier*

— Mille, répéta Vergne qui ne s'en lassait pas, mille condamnations en un mois !

Fouquier hocha lentement la tête. Pour la première fois, le chiffre lui apparaissait dans sa démesure. Dit et répété dans la bouche d'un autre, il prenait une dimension inédite. Mille noms, mille visages, mille histoires qu'il avait tenus entre ses mains et dont il se souvenait à peine. Il lui fallait absolument faire un rapport pour le Comité de salut public. Dès le lendemain, il y attellerait un secrétaire, même deux. Fouquier voyait loin. Un tel chiffre allait lui permettre de réclamer du personnel. De nouveaux greffiers, de nouveaux juges qui allaient se mettre à l'œuvre. Et il en profiterait aussi pour se débarrasser de certains jurés trop timorés. Il allait augmenter les cadences, stimuler le rendement. Le mois d'août allait dépasser toutes les espérances.

Un bruit de tambour vint résonner aux fenêtres. On battait le rappel quelque part dans Paris. Vergne se leva. Ça venait peut-être de l'Hôtel de Ville. Leur hôte voulait-il qu'on se renseigne ? Fouquier approuva. On envoya aussitôt un domestique s'informer. Quand il revint, on se rassura. C'était un rassemblement d'ouvriers qui protestaient contre la hausse du prix du pain.

Vergne proposa de déboucher un bon cru. La famille se précipita pour aller chercher les verres. Mille condamnations, tu te rends compte ? Il faut absolument ouvrir la bouteille de bourgogne d'avant la Révolution ! Fouquier, lui, était toujours dans son songe. Il tentait de revoir les visages qu'il avait condamnés, mais un seul surnageait. Le dernier. Le millième. Un visage de femme. Comment s'appelait-elle déjà ? Ah ! oui ! Marie-Marguerite Puy de Verrines. Il avait fait condamner son mari aussi. Il s'en souvenait maintenant. Sourd et aveugle.

Il était mort sans savoir pourquoi.

*Section des Tuileries*
*La Convention*

La Montagne s'était tue, la Plaine, elle, hurlait avec les loups. Pourtant, Robespierre ne renonça pas. De sa démarche saccadée, il redescendit l'allée pour regagner la tribune. Mais Billaud, Tallien et maintenant Vadier faisaient barrage. Couthon, paralysé dans son fauteuil, ne pouvait intervenir ; Bonbon et Le Bas étaient aux prises avec des députés qui les accablaient d'injures. Saint-Just, les bras croisés, s'était transformé en statue. L'Incorruptible se mit à hurler :

— Pour la dernière fois, président d'assassins, je te demande la parole.

Étranglée par la colère, la voix de Maximilien s'enroua.

— C'est le sang de Danton qui l'étouffe !

— C'est Danton que vous voulez venger ? s'indigna l'Incorruptible. Lâches, pourquoi ne l'avez-vous pas défendu ?

Du chaos de cris et de menaces, une voix s'écria :

— Je demande le décret d'arrestation contre Robespierre.

De la tribune, le président saisit la demande au vol. Ce n'était plus Collot. Ses nerfs avaient lâché. En s'enfuyant par une petite porte, il venait de rater le plus grand rôle de sa vie. Le député Thuriot l'avait remplacé.

— Je mets aux voix le décret d'arrestation contre Maximilien Robespierre.

D'un seul élan, la Plaine se leva. La Montagne, qui sentait le vent subitement tourner, se précipita pour suivre. Un immense cri résonna dans la salle de la Convention.

— Vive la liberté ! Vive la République !

Face à la meute, Bonbon fut le premier à parler. Dans le silence stupéfait qui suivit, sa voix vibra comme un défi :

— Si mon frère est coupable, je le suis aussi…

Maximilien tendit le bras pour le faire taire.

— Je veux partager son sort.

Impitoyable, l'Assemblée qui avait si souvent encensé les deux frères se précipita pour les réunir dans la chute :

— Aux voix, l'arrestation des deux Robespierre !

Et puis ce fut au tour de Couthon et de Saint-Just d'être mis en accusation. Ils ne protestèrent pas. L'Archange resta impassible, comme Couthon. Ce silence commençait à inquiéter certains députés. Le Bas, que l'on avait oublié dans la confusion, se leva. À la surprise générale, il annonça :

— Je demande l'arrestation pour moi-même.

Discrètement, Barère fit signe que non. Lui voyait le risque. Si les robespierristes arrivaient en bloc devant le Tribunal révolutionnaire, ils allaient devenir invincibles. Fouquier-Tinville les acquitterait et ils se retourneraient contre ceux qui les avaient trahis, avec l'aide des sans-culottes et de la garde nationale. Enivrée de sa puissance recouvrée, l'Assemblée ne l'écouta pas.

Le Bas fut décrété d'arrestation.

Un huissier se présenta devant Robespierre pour lui tendre une copie du décret d'arrestation. Comme s'il s'agissait d'un simple message, Maximilien le fit passer à son frère qui, négligemment, le plia dans sa poche. Face à l'Assemblée stupéfaite de son propre coup de force, le calme subit des accusés déroutait.

— Il faut en finir, décréta Tallien. Vite. Que les huissiers les évacuent de la salle.

Mais aucun huissier ne bougea. Intimer ne serait-ce que l'ordre de sortir à l'Incorruptible leur paraissait un sacrilège.

— Les gendarmes ! s'exclama Billaud. Faites appel aux gendarmes.

Maximilien prit lui-même les choses en main. Il fit signe aux militaires de porter Couthon, puis il se pencha vers son cadet.

— Sortons. Sortons en masse.

La bataille désormais allait se jouer en public.

— Ça fera plus d'effet.

*Section de la Maison commune*
*Hôtel de Ville*

En longeant la Seine, François Héron regrettait amèrement le tournant qu'avait pris sa vie à la Révolution. Lui qui avait été un brillant officier de marine sous l'Ancien Régime, il avait eu un jour la malchance de croiser Marat. Fasciné par le tribun, il était vite devenu un ardent révolutionnaire, ce qui l'avait conduit à travailler pour le Comité de sûreté générale. Sa tête qui inspirait confiance lui avait valu à plusieurs reprises d'être choisi pour infiltrer des réseaux suspectés d'agissements contre-révolutionnaires. Efficace et discret, il était vite devenu le spécialiste des coups tordus de Vadier. L'homme fort du Comité de sûreté générale l'avait en particulier employé à monter un dossier contre Robespierre. Après la fête de l'Être suprême, Vadier avait tenté de mouiller l'Incorruptible dans une affaire qui avait tourné à la farce.

Une petite secte d'exaltés se réunissait dans le quartier du Panthéon, autour d'une prophétesse de pacotille, Catherine Théot. Convaincue que la Révolution annonçait la fin des temps, la « Mère de Dieu », comme elle se faisait appeler, écrivait des lettres hallucinées pour expliquer que Robespierre avait été choisi par le Très-Haut pour purifier le monde. Elle n'était néanmoins pas assez folle pour les envoyer. Lors de son arrestation, Héron avait retrouvé les brouillons de ces lettres et Vadier avait aussitôt tenté de s'en servir contre « Maximilien I^er^ ». Il n'avait réussi qu'à se ridiculiser. Depuis, Héron ne dormait plus, certain que la rancune de Robespierre allait s'abattre sur lui.

Il pensait avoir commis le pire quand Vadier lui ordonna d'aller arrêter Hanriot à l'Hôtel de Ville.

Pour lui donner confiance, on lui avait adjoint deux agents, Rigogne et Pillé, qui eux-mêmes n'en menaient pas large. Autant dire que le petit groupe qui se rapprochait de la Maison commune avait tout l'air d'un cortège funèbre.

Sur la place de Grève, la présence d'une batterie de canons et d'une unité de cavalerie acheva de les démoraliser. Visiblement, la garde nationale était sur le qui-vive. Des officiers montaient et descendaient sans cesse l'escalier qui menait aux bureaux de l'état-major. Beaucoup portaient des plis glissés dans le revers de leur manche. Héron en conclut que des ordres partaient pour toutes les sections de Paris. Robespierre et Saint-Just, avant de se rendre à la Convention, avaient dû donner des consignes pour mobiliser tous leurs partisans.

Arrivés au premier étage, Héron et ses hommes furent noyés dans un tourbillon d'uniformes. Ils étaient les seuls civils et, dans la cohue, personne ne semblait les remarquer. Ils progressaient au milieu des cliquetis de sabres et de pistolets martialement glissés à la ceinture. De la cour montait le bruit des sabots des chevaux qui ne cessaient de partir et d'arriver. Comme Héron s'approchait du grand salon, il remarqua contre un mur deux immenses cadres dorés d'où pendaient des lambeaux de toile. Au-dessus, une main anonyme avait écrit la phrase : « Traîtres à la Nation. » C'étaient les portraits des deux premiers maires de Paris : Bailly, guillotiné ; Piéton, suicidé.

Dans le grand salon, transformé en salle de commandement, Hanriot, en uniforme rutilant de général, une mèche qui tombait sans cesse sur ses yeux, donnait des ordres. À chaque nouvelle directive, un officier crayonnait de rouge un plan de Paris.

— Qu'on batte le rappel des troupes dans chaque section, qu'on fasse sonner le tocsin…

Les ordres fusaient en rafales. Héron prit ce qui lui restait de courage à deux mains et se planta devant le chef de la garde nationale.

— François Hanriot, en ce jour, la Convention nationale a pris contre vous un décret d'arrestation. Au nom du Comité de sûreté nationale, chargé de son application, je vous demande de me suivre.

Toute la salle éclata de rire.

Seul Hanriot ne participa pas à l'hilarité générale. Il contempla l'envoyé du Comité comme un insecte importun et laissa tomber son verdict :

— Tuez-le !

*Section des Tuileries*
*Comité de sûreté générale*

Quand le bruit courut que Robespierre et ses partisans allaient être détenus à l'ancien hôtel de Brionne où se tenait le Comité, ce fut la débandade parmi les employés. Personne n'avait envie de croiser l'Incorruptible, surtout en pleine arrestation. En quelques minutes, les bureaux furent désertés et ce fut dans une salle vide que les gendarmes enfermèrent les accusés. Saint-Just se posta près d'une fenêtre qui donnait sur l'arrière des Tuileries. L'orage avait fini par éclater et une pluie fine rayait les carreaux. Couthon manœuvra son fauteuil pour se rapprocher de Bonbon qui cherchait du papier et des plumes. Le Bas, lui, se tenait près de Robespierre qui lissait ses cheveux comme s'il était devant un miroir. Il était étonné de son calme. Que ressentait-il vraiment ? Était-ce l'abattement qui le dominait, la stupéfaction d'avoir été renversé, ou déjà calculait-il sa revanche ? Derrière l'homme à principes, le tacticien n'était jamais loin. Bonbon avait déniché de quoi écrire.

— Je propose que nous rédigions une proclamation à la Commune et aux sections de Paris. Il faut les informer, les mobiliser…

Couthon approuva.

— Il faut aussi prévenir Fouquier. Qu'il se tienne prêt.

Maximilien les coupa net. Il était resté étrangement silencieux depuis son arrestation. Son intervention surprit tous ses fidèles.

— Nous allons dîner d'abord.

Il s'avança vers les gendarmes en faction qui, instinctivement, redressèrent leur position.

— Allez chez le père Louis, en bord de Seine, et commandez pour cinq. Pas de vin.

Comme si on allait le servir, l'Incorruptible s'assit à la table, invitant d'un geste muet ses proches à s'asseoir autour de lui. Un instant, Le Bas eut l'impression d'assister à la Cène. Un Robespierre partageant son dernier repas avec ses apôtres. Et si, au fond de lui, il avait déjà décidé de se sacrifier, de sanctifier la Révolution de son sang, en devenant le Christ de la République ? Le Bas frissonna. Les gendarmes, eux, se dirigeaient vers la porte. La voix sans appel de Robespierre les rattrapa.

— Et surtout, n'oubliez pas de prendre des oranges.

*Section de la Maison commune*
*Hôtel de Ville*

En un instant, Héron était à terre. Deux aides de camp l'avaient ceinturé. Quant à Rigogne et Pillé, plaqués contre un mur, ils subissaient une fouille minutieuse.

— Pas d'armes, conclut un des soldats.

Cette phrase réveilla Hanriot qui brusquement entra en fureur. Héron vit arriver ses bottes noires qui martelaient le parquet.

— Je vous ordonne de tuer ce scélérat dans l'instant.

Héron entendit le sifflement d'un sabre sorti de son fourreau. Hanriot se mit à rugir.

— C'est le seul moyen de sauver la patrie ! Et quand on en aura fini avec celui-là, je vais exterminer les trois cents traîtres de la Convention !

Le général de la garde nationale était entré en éruption. Rien ni personne ne pouvait l'arrêter. Autour de lui, menaces et injures fusaient contre les envoyés du Comité de sûreté générale.

— Il y a trop longtemps que les patriotes sont opprimés, s'exclama une voix exaspérée, il faut en finir.

Un coup de crosse en plein visage fit s'effondrer Rigogne. Comme il tentait de fuir, des bottes lui écrasèrent les mains. Pillé, lui, était bastonné contre le mur à coups de sabre.

— Poignardez-les ! Poignardez-les tous les trois ! hurla Hanriot.

Une main saisit Héron aux cheveux. Une autre lui arrachait sa chemise, quand subitement un cri retentit :

— Saint-Just et Robespierre viennent d'être arrêtés !

Abandonné par ses agresseurs, Héron retomba au sol. Malgré lui, l'Incorruptible venait de lui sauver la vie.

*La Convention*

Collot se rendit dans une petite salle, tout en boiseries, qui jouxtait l'Assemblée. On entendait encore des applaudissements. Frémissant de son exploit,

Tallien l'attendait. Barère les avaient réunis pour faire le point sur la situation. Pendant que Vadier et Billaud se faisaient acclamer par les députés en liesse, eux prendraient les décisions. La course au pouvoir avait commencé. Et comme d'habitude, Barère avait un temps d'avance.

— À l'heure actuelle, Robespierre, son frère, Saint-Just, Le Bas et Couthon sont dans la salle du Comité de sûreté générale, sous la surveillance des gendarmes.

— On est sûr d'eux ? demanda Collot, qui se méfiait toujours des militaires.

— Ils sont sous l'autorité directe de la Convention, mais tu as raison, on changera les gardes toutes les deux heures, pour éviter le risque qu'ils ne fraternisent avec les détenus.

— On a des nouvelles de Fouquier ? interrogea Tallien.

— On lui a envoyé des messagers, mais il n'est pas au Tribunal.

Tous se regardaient avec la même question dans le regard : « Et maintenant, on fait quoi ? » Barère reprit la parole.

— Selon la procédure, les accusés doivent être interrogés au Comité, placés en détention, puis transférés pour leur procès.

Tallien s'inquiéta :

— Et ça prend combien de temps ?

— Fouquier peut faire obstruction, tenter de gagner du temps. Voilà pourquoi il faut s'assurer de lui tout de suite.

— En attendant, s'alarma Collot, Paris peut se soulever, délivrer Maximilien…

Un coup frappé à la porte les fit sursauter. Barras surgit. On l'accueillit avec gêne. Personne ne l'avait vu pendant l'assaut contre Robespierre à la Convention.

— On vient d'arrêter Hanriot.

Tous se levèrent. Barras jubilait. Il avait réussi son retour. Cette nouvelle effaçait son absence au moment crucial.

— Il a tenté d'attaquer le Comité de sûreté générale avec une poignée de cavaliers. Ils ont été rapidement neutralisés par les gendarmes. Désormais, Hanriot aussi est notre prisonnier.

Cette fois, Collot exulta :

— On tient toute la vermine !

Impatient, Tallien s'était levé. La garde nationale était décapitée. Le peuple ne se soulèverait pas. Il allait pouvoir délivrer Thérésa. Barras reprit :

— Je propose que l'on disperse tous les accusés dans des prisons différentes. Ainsi, ils ne pourront ni se concerter ni comploter ensemble.

— Oui, mais Hanriot, lui, reste ici.

Tous se tournèrent vers Barère, qui s'expliqua :

— Hanriot n'a pas obtempéré à une mise en accusation de la Convention. Il est hors la loi désormais. Vous savez ce que cela signifie ? Que l'on n'a besoin ni de l'interroger ni de le soumettre à un procès pour l'envoyer à la guillotine. On peut le condamner tout de suite.

Barras se précipita vers la porte.

— Je vais donner des ordres pour qu'il ne soit pas transféré.

Comme s'il avait du mal à y croire, Collot répéta :

— Sans interrogatoire, sans procès… Simplement parce qu'il est hors la loi, c'est ça ?

Barère approuva. C'est lui qui avait rédigé le décret à la demande de Robespierre.

— Oui, une loi qui s'applique à tous ceux qui tentent de se soustraire à une arrestation décrétée par la Convention.

Brusquement, Tallien comprit où Barère voulait en venir.

— Tu veux dire qu'elle s'appliquerait si…

— … si quelqu'un avait la bonne idée de délivrer Robespierre et ses amis.

*Section des Tuileries*
*Comité de sûreté générale*

Discrètement posté derrière une fenêtre, Barras regardait les prisonniers sortir sous escorte. D'abord Le Bas, envoyé à la prison de la Force. Il avait demandé que l'on prévînt sa femme Babeth ; Barras avait accepté. Il regarda la liste. Qui ensuite ? Couthon. Le paralytique sortit dans la cour, porté par deux gendarmes. On avait confisqué son fauteuil. Lui irait à la prison de Port-Libre, l'ancien couvent de Port-Royal. Barras avait pris la précaution de répartir les prisonniers des deux côtés de la Seine. Si les sans-culottes voulaient les délivrer, il leur faudrait se disperser dans tout Paris. Il avait aussi envoyé des policiers surveiller le club des Jacobins. Si une réaction se préparait, il serait le premier prévenu. Sans en avoir l'air, Barras avait déjà pris la main sur la police et la gendarmerie. Que les premiers rôles aillent à Tallien et Barère ne le dérangeait pas, au contraire. Qu'ils se partagent donc la carotte de la popularité ! Bientôt, Vadier et Billaud réclameraient leur part, et une lutte fratricide commencerait. Lui se serait déjà emparé de la force armée. Le pouvoir se gagnait peut-être avec des mots, mais pour le conserver, il fallait un sabre.

Saint-Just venait de sortir. Barras se pencha pour mieux l'apercevoir. Pourquoi n'avait-il pas prononcé un mot depuis que Tallien avait brutalement interrompu son discours ? Mépris ou renoncement ? L'Archange déchu monta dans le fiacre sans un regard pour quiconque. Cette attitude inquiéta Barras. Et si, derrière cette indifférence, se cachait un plan, un complot ? Barras appela un gendarme.

— Changement. On n'envoie plus Saint-Just à l'Abbaye, mais à la prison des Écossais, dans le Quartier latin. Elle est plus sûre.

Restait le cas de Robespierre. Barras hésitait. Il n'avait pas fait partie de la meute qui l'avait attaqué à l'Assemblée. Si, par malheur, l'Incorruptible reprenait la main, il aurait peut-être une carte à jouer. Mais Barras savait qu'il n'en était rien. Il se souvenait de sa visite chez les Duplay. Il se rappelait le silence de plomb de l'Incorruptible. Il ne pardonnerait pas.

Un huissier attendait avec deux gendarmes. Barras réfléchissait. Au début du mois, une pseudo-conspiration avait été découverte dans la prison du Luxembourg. Montée de toutes pièces par le Comité de sûreté générale, elle avait envoyé près de deux cents personnes à la guillotine. Une rumeur, lancée par Vadier, en attribuait la responsabilité à Robespierre. Autant dire que dans cette prison, l'Incorruptible était apprécié à sa juste valeur.

Barras se tourna vers l'escorte.

— Menez le prisonnier au Luxembourg.

### *Comité de salut public*

Dans le pavillon de l'Égalité, à l'étage du Comité, rien ne laissait deviner les événements de la journée. Les secrétaires recopiaient les ordres d'arrestation, les huissiers les validaient, les commis les distribuaient. Même décapité, le serpent continuait sa course. Carnot entra dans la salle des délibérations et s'assit entre Tallien et Collot. Comme si rien ne venait de se passer, il sortit un rapport sur la situation militaire en Belgique et demanda la parole. Maintenant que Saint-Just était hors jeu, il avait hâte de s'approprier la marche victorieuse des troupes révolutionnaires. Avant même qu'il ne dît un mot, Barère l'arrêta sèchement.

— Ici ne parlent que ceux qui ont aidé à faire chuter le tyran.

Sans oser répliquer, Carnot rengaina son rapport et, mortifié, alla se faire oublier dans un coin.

— Fouquier est enfin arrivé au Tribunal, annonça Barère. Nous lui avons demandé de venir ici, mais il répond qu'il est plus utile en restant à son poste.

— Le jean-foutre ! s'exclama Collot. Il attend de voir où le vent va tourner.

— Pour l'instant, il tourne en notre faveur, répondit Tallien. Barras vient de me faire savoir que les prisonniers sont tous en partance pour leurs prisons respectives.

— Sauf qu'ils n'ont pas été interrogés par le Comité de sûreté générale, remarqua l'ancien acteur. Et si nous voulons rester dans la légalité…

Tallien avait la solution :

— On va envoyer Vadier. Il procédera lui-même aux interrogatoires. Et puis, le temps qu'il fasse le tour des prisons…

L'amant de Thérésa ne finit pas sa phrase, mais tout le monde comprit : d'ici là le nouveau gouvernement serait formé. Sans Vadier.

— Dans ce cas, envoyons aussi Billaud au Tribunal révolutionnaire. Je suis certain qu'il mettra Fouquier au pas, ajouta Barère.

Devenu invisible, Carnot observait la scène. Trois prédateurs en train de se partager les dépouilles du pouvoir. Quant à Vadier et Billaud, il leur faudrait se contenter des restes du festin.

— Une fois nos ennemis neutralisés, comment allons-nous gouverner ? demanda Collot.

Barère avait la solution :

— On purge les comités de tous les affidés de Robespierre et on les remplace par des hommes sûrs.

— Des hommes qui ne se sont pas compromis avec Robespierre, je n'en connais pas beaucoup, remarqua Tallien. Si on commençait par ouvrir les prisons ? ajouta-t-il. Ce serait un symbole fort de liberté, de fraternité…

Barère secoua la tête.

— Si on ouvre les prisons, on libère des dizaines de députés que nous avons fait emprisonner. Tu crois quoi ? Qu'ils vont nous accueillir à bras ouverts ? Qu'ils vont voter pour nous, des larmes de reconnaissance dans les yeux ?

Collot leva les mains en signe d'interrogation.

— Alors on fait quoi ?

— Et si on formait un triumvirat ? suggéra Tallien. Plus personne ne veut des comités. Ils sont usés et haïs. Tandis qu'un exécutif resserré, efficace, populaire…

Les yeux de Collot se mirent à briller. Un triumvirat était comme un triangle, il y avait toujours un sommet. Il se voyait déjà jouer le premier rôle.

— Je propose que nous nommions Barras chef de la garde nationale.

— Si on garde Cambon aux Finances…

— Dans ce cas, il faut maintenir Carnot aux Armées…

Barère se taisait. Parfois, il n'était pas nécessaire de faire quoi que ce soit. Il suffisait d'attendre qu'on déblaie la place pour vous. Ce triumvirat se réduirait bientôt à une seule personne.

Lui.

Pendant longtemps, il s'était contenté d'une simple part du gâteau.

Désormais, il prendrait tout.

*Section Mutius-Scaevola*
*Prison du Luxembourg*

Derrière la porte, le concierge tremblait de peur. Malgré les cris et les menaces, il refusait d'ouvrir.

À la fin de l'après-midi, il avait reçu un message de la Commune de Paris lui interdisant d'accepter tout nouveau détenu. Il avait jeté le papier dans un coin. Des ordres comme ça, il en recevait toutes les semaines. Plus personne ne savait qui dirigeait les prisons. Le matin c'était la Convention, l'après-midi un comité, le soir l'Hôtel de Ville. Et les ordres pleuvaient, confus et contradictoires. Il n'en tenait plus aucun compte et obéissait à une seule règle : tant qu'il avait de la place, il enfermait tout ceux qu'on lui envoyait. Ainsi, quand on frappa, vers 17 heures, il se frotta les mains. Deux cellules venaient de se libérer : leurs occupants, partis le matin pour le Tribunal révolutionnaire, n'étaient pas près de revenir. Une chance : il avait de quoi enfourner !

Il ouvrit la porte d'excellente humeur :

— Alors, vous m'en amenez combien ?

Il fut surpris de ne trouver qu'un prisonnier. Un accusé de dernière minute sans doute.

— Alors tu es qui, toi ?

Comme il était myope, il se pencha pour dévisager son nouveau pensionnaire.

Et reconnut Robespierre.

Depuis, il s'était claquemuré à triple verrou derrière sa porte et hurlait sur tous les tons que la Commune de Paris lui interdisait d'incarcérer de nouveaux prisonniers.

L'escorte perdait pied. Les gens s'arrêtaient. Bientôt un attroupement allait se former.

— Il faut rentrer à la Convention, décida l'huissier. Je ne vois pas d'autre solution.

Les deux policiers s'alarmèrent. Retraverser tout Paris ? Avec Robespierre comme prisonnier ?

— Vous entendez le tocsin ? Le peuple court aux armes. Vous voulez vous faire tuer ?

— Alors, on en fait quoi, du prisonnier ?

Jusque-là impassible, Maximilien intervint :

— Menez-moi au poste de police le plus proche. Faites constater l'impossibilité de m'incarcérer par procès-verbal. Vous serez dégagé de toute responsabilité.

Maximilien se méfiait. Il ne voulait absolument pas se retrouver évadé malgré lui. Comme s'il avait reçu la lumière, l'huissier ordonna.

— On y va. Et au trot.

*Section des Tuileries*
*Comité de salut public*

Un secrétaire alarmé vint fermer les fenêtres. On entendait Vadier tonner jusque dans les jardins.

— Aller interroger les prisonniers que vous avez enfermés aux quatre coins de Paris ! Vous êtes devenus fous ? Vous croyez que je vais risquer de me faire assassiner par la foule ?

Rouge de colère, le chef du Comité de sûreté générale arpentait la pièce en battant des mains.

— Ce n'est pas parce que le tocsin sonne, répliqua Tallien, que les quartiers populaires vont se lancer à l'attaque de la Convention. Tant qu'on tient Hanriot, rien ne bougera.

Tenu à l'écart des décisions, Carnot rongeait son frein. Le moment était venu de provoquer la peur : le plus sûr moyen pour rallier autour de lui tous ceux qui commençaient à douter.

— Si l'insurrection éclate, nous ne pourrons pas compter sur la garde nationale. Elle est acquise à Robespierre. Il ne nous restera que les gendarmes qui défendent la Convention, mais ils n'ont aucune pièce d'artillerie. Ils ne pourront pas résister à un assaut en force.

— Ce qui veut dire que nous serons balayés? interrogea Billaud, de plus en plus pâle.

— Comme des fétus de paille, répliqua Carnot.

Excédé, Tallien frappa du poing contre le mur.

— Je le répète depuis le début, il fallait ouvrir les prisons. Les ouvrir nous-mêmes. Nous aurions gagné la confiance du peuple.

Billaud éclata :

— Arrête avec tes tirades hypocrites ! Tout ce que tu veux, c'est libérer ta catin.

Collot dut s'interposer pour qu'ils ne se sautent pas au visage. Comme si la discussion ne le concernait pas, Barère venait de s'asseoir à un bureau et posément écrivait sur un papier à en-tête du Comité.

— Tu rédiges quoi ? demanda Vadier, suspicieux.

— L'ordre d'exécuter Hanriot. Si nous sommes attaqués par ses partisans, il sera immédiatement fusillé.

— Mais vous êtes tous devenus fous ! s'exclama Tallien. Ce sont nous, les vainqueurs !

— Des vainqueurs sans troupes et sans armes ne le restent pas longtemps, railla Carnot.

Barère se leva et présenta l'ordre d'exécution d'Hanriot.

— Chacun de nous va le signer.

— Tu veux nous envoyer à l'échafaud ? hurla Vadier.

Paniqué, Billaud tenta d'arracher la feuille. Barère le repoussa d'un coup d'épaule. Le temps des complaisances était terminé.

— Cette fois, il ne s'agit pas d'ordonner l'arrestation d'un homme derrière un bureau, mais de signer sa mise à mort. Alors à vous de choisir.

Il fit passer l'ordre.

— Et je vous le jure, quand nous en aurons fini avec la rébellion, personne ne siégera au futur gouvernement qui n'ait signé cette feuille.

Carnot s'était de nouveau retranché dans l'ombre. Vadier saisissait son chapeau pour partir. Collot avança la main, puis se ravisa. Tallien, lui, saisit une plume, mais la tendit aussitôt à Barère.

— Signe d'abord.

*Section Mutius-Scaevola*

La rue de Vaugirard qui menait au poste de police devenait de plus en plus encombrée. L'huissier avait enlevé sa veste pour la mettre sur la tête de Robespierre, serré de près par les deux policiers. Comme il commençait à tonner, personne ne s'étonnerait qu'un homme cherche à se protéger de la pluie. Ils longeaient la grille du Luxembourg, mais leur marche était entravée par des groupes qui surgissaient des rues de Tournon et de Condé. Toute la section semblait en marche. Des femmes brandissaient des portraits de Marat, l'idole du quartier. Le poste de police n'était plus qu'à quelques dizaines de mètres. Soudain, une escouade apparut à l'angle des jardins. Des gendarmes à cheval. L'un d'eux sortit son sabre. Aussitôt, une volée de pavés obscurcit le ciel. Surprise, la petite escorte de l'Incorruptible se réfugia dans l'étroite rue des Fossoyeurs, fuyant l'émeute. Les deux policiers étaient de plus en plus nerveux, l'un d'eux avait jeté sa redingote par-dessus un mur et remontait les manches de sa chemise pour se donner une apparence d'artisan. L'autre râpait ses mains sur un mur crasseux pour les noircir. L'huissier comprit qu'ils n'iraient pas plus loin.

— On est juste à côté, plaida-t-il. Quelques pas et…

Brusquement, la façade grise du poste de police disparut sous une foule de poings levés. Les cavaliers s'étaient enfuis. Des sans-culottes brandissaient des armes en criant victoire. Partout on entendait les noms de Robespierre et Saint-Just. Quand l'huissier se retourna, il s'aperçut que les deux policiers avaient disparu. Un premier coup de feu éclata. Cette fois, l'huissier n'hésita plus. Il arracha sa veste du visage de Maximilien, balbutia quelques mots et se mit à courir.

Derrière lui, une clameur éclata, plus forte que le tonnerre. La foule venait de découvrir Robespierre.

*Section des Tuileries*
*Salle de la Convention*

Malgré le huis clos, le président ne parvenait plus à calmer l'Assemblée. On avait dû vider les tribunes pour que les spectateurs ne voient pas le spectacle avilissant des députés en proie à une peur panique. Le Marais hurlait, la Montagne se lamentait. Chacun sentait le couperet sur sa nuque. Des rumeurs contradictoires couraient dans chaque travée, alimentées par les huissiers et les secrétaires que plus personne ne contrôlait. Nul n'avait vu un émeutier, entendu un coup de feu, mais déjà on parlait de quitter Paris, de se réfugier à

Meudon. On se précipitait au siège du Comité. Que disait Barère ? Que faisait Tallien ? Après plusieurs allers-retours de députés affolés, Collot finit par se présenter à la barre de l'Assemblée, porteur de mauvaises nouvelles.

— Nous venons d'apprendre que Robespierre n'a pas été emprisonné, pas plus que Couthon et Le Bas. Ils ont tous été délivrés par la foule encadrée par des gardes nationaux. Nous ne savons rien de Saint-Just, mais il est probable qu'il soit libre, lui aussi.

— Et Hanriot ?

— Hanriot était détenu au Comité, il a été délivré.

La Convention était médusée. Qui avait osé ?

— Le vice-président du Tribunal révolutionnaire, Coffinhal. Il a réuni des fidèles et investi le Comité.

Les députés se regardaient, abasourdis. Le Tribunal s'était rangé du côté de l'insurrection ! Déjà certains détalaient. Collot tâchait de rester impassible. Que se passerait-il s'il avouait qu'Hanriot, enfin libre, était à deux pas, sur la place du Carrousel, où il rameutait des troupes pour prendre d'assaut l'Assemblée ?

Barras surgit, couvert de poussière. En quelques mots, il expliqua qu'il s'était fait attaquer rive gauche. Ses hommes s'étaient débandés, le laissant seul. Il n'avait dû sa survie qu'à une fuite éperdue. Tout le quartier, entre la Seine et le Luxembourg – là où avaient vécu Marat, Danton et Desmoulins –, était en train de basculer. Un député intervint :

— Mon domestique vient de rentrer de la place de Grève. Il a vu des députés rebelles entrer à la Maison commune. Sur la place, des troupes se massent, envoyées par les sections. Des canons ont déjà investi les ponts et…

— S'il continue comme ça, gémit Collot à Barère, ils vont tous foutre le camp. Parle-leur !

Barère leva la main.

— Président, je demande la parole.

Toujours respecter les formes. Surtout au moment crucial.

— La parole est au député Barère.

— Mes chers collègues, nous avons vécu une séance dont l'histoire se souviendra. Tous unis, nous avons sauvé la République, vaincu la tyrannie…

Mais la parole de l'orateur n'ensorcelait plus personne. L'Assemblée avait les yeux grands ouverts sur sa propre perte et n'entendait plus rien. Chacun savait que la foudre risquait de l'anéantir. Barère, alors, décida de jouer son ultime carte.

— Président, attendu que les dénommés Couthon, Saint-Just, Le Bas, Robespierre aîné et cadet et Hanriot se sont volontairement soustraits à leur mise en accusation, je demande qu'ils soient déclarés hors la loi.

Les derniers mots claquèrent comme un coup de fouet. Sur leurs bancs, des députés se levèrent. L'expression « hors la loi » venait de les sortir de leur hébétude. Hors la loi, comment n'y avait-on pas pensé plus tôt ? Sauf que les prisonniers ne s'étaient pas « volontairement » soustraits à leur arrestation… On allait donc violer la loi ? Mais il y avait bien longtemps qu'elle ne criait plus !

— Je demande aussi que l'on envoie immédiatement des représentants à toutes les sections de Paris pour leur donner connaissance de cette décision.

Barère s'interrompit un instant pour fixer la salle. Il fallait frapper. Fort et vite.

— Je demande aussi que soit annoncée partout la sentence qui frappe les hors-la-loi : la mort !

Tallien, qui allait monter à la tribune, s'arrêta net. Barère était-il devenu fou ? Acculés à la guillotine,

Robespierre et les siens allaient se transformer en chiens enragés. Mais l'orateur n'avait pas fini :

— Je réclame aussi que la mise hors la loi soit appliquée à tous ceux qui ont soutenu, soutiennent ou soutiendront les factieux.

— Tu veux faire fusiller tout Paris ? souffla Collot, estomaqué.

Barère n'en était plus là. Il ricana.

— La moitié suffira.

*Section de l'Hôtel de Ville*
*Place de Grève*

La voiture déboucha sur la place entourée d'une nuée de gardes nationaux à cheval. À l'intérieur, Maximilien tenait un mouchoir serré contre son visage. Il sentait la fleur d'oranger dont l'avait parfumé Éléonore. Depuis des semaines, il toussait et crachait le sang. Ce n'était pas le moment d'apparaître diminué. Il eut un hoquet, un goût de fer dans la bouche, mais il réussit à se maîtriser. La situation lui échappait. Au poste de police, ses partisans ne lui avaient pas laissé le temps de se reprendre. Il n'avait pas réussi à s'isoler en lui-même pour y voir enfin clair. Pas un instant de répit. Pourquoi ne comprenaient-ils pas qu'il avait besoin de réfléchir, seul ? Depuis son arrestation, il subissait les événements et ne les contrôlait plus. Il n'avait plus de coups d'avance. Il ne supportait plus ces cris, ces hurlements, ce peuple qui le réclamait sans cesse. Il se sentait sale. Un filet de sueur avait tracé un sillon sur son visage poudré. Et puis cette odeur aigre, intime, sous sa chemise… Il se sentait nu, vulnérable. À la merci du moindre quolibet. Il lui fallait se laver. Au moins les mains.

Il tira le rideau. La voiture n'avançait plus. La place devant l'Hôtel de Ville était noire de monde. Beaucoup de soldats. Où était Hanriot ? Ses troupes ne devaient surtout pas bouger. Il fallait impressionner par le nombre, déstabiliser par la masse, menacer pour faire plier. Pas attaquer. Une nouvelle quinte de toux lui brûla la gorge. Cette fois, c'était du sang. Il jeta le mouchoir et saisit un des papiers qu'il avait dans sa poche pour éponger les glaires. Surtout, qu'on ne voie rien. Il lui fallait prendre des décisions. D'abord s'assurer d'Hanriot, lui confier la sécurité de l'Hôtel de Ville pour le neutraliser, puis mettre Saint-Just à la tête des troupes, il saurait les contenir. Puis…

La porte s'ouvrit. Le Bas le saisit dans ses bras.

— Toi ici, enfin. On va pouvoir en finir avec la Convention.

En quelques heures, l'Hôtel de Ville avait changé de visage, envahi par les sans-culottes et des Jacobins. Des pavillons latéraux au corps central, des loges aux soupentes, tout le vieux palais construit à la Renaissance avait été réquisitionné pour établir l'organisation de l'insurrection. Un véritable déchaînement révolutionnaire s'emparait de la Maison commune. Des gardes nationaux formaient des piquets, des sans-culottes brandissaient des armes, des municipaux couraient en tous sens, débordés par la cohue ambiante. Seule la salle du secrétariat échappait à cette frénésie. C'est là qu'on avait installé Couthon. Calé dans un fauteuil, il massait ses jambes inertes. Bonbon venait de lui tendre une proclamation. Un appel au peuple pour qu'il se soulève.

— Tu en penses quoi ? Je vais la signer et…

Couthon montra les hautes fenêtres qui donnaient sur la place. Des lueurs fauves illuminaient les vitres.

La nuit était tombée, les gardes nationaux en armes avaient allumé des feux de camp.

— Regarde dehors. Les sections sont déjà là. D'autres vont arriver. Pourquoi perdre son temps à rédiger des appels à l'insurrection ? Elle est déjà en marche.

Bonbon le regarda, interloqué.

— Mais il faut organiser, donner des ordres…

— Tu es donc si pressé d'apposer ton nom sur un papier inutile qui t'enverra à la mort si nous perdons ?

Couthon regarda Augustin. Il avait toujours détesté l'appeler Bonbon, un surnom ridicule.

— Alors on reste sans rien faire ? On attend de se faire arrêter, traîner à l'échafaud ?

— Oui, on attend.

— Mais on attend quoi ? explosa Bonbon.

— Ton frère.

Robespierre monta l'escalier de l'Hôtel de Ville, son mouchoir sur les lèvres. Tout autour de lui l'agitation grandissait. On l'acclamait, on lui frappait l'épaule. Plusieurs fois, il entendit le mot « sauveur ».

— Où est Saint-Just ? demanda-t-il à Le Bas.

— Il va arriver. Lui aussi a été libéré. Le peuple est avec nous.

Le « peuple »… Combien de fois avait-il prononcé ce mot dans ses discours ? Mais qui connaissait vraiment le peuple ? Lui connaissait sa force. Il l'avait devinée, ressentie, éprouvée, dès les premiers mois de la Révolution. Mais aujourd'hui, ce peuple, épuisé par la guerre, qu'elle soit civile ou aux frontières, les crises politiques à répétition et les pénuries économiques, qui pouvait encore savoir ce qu'il voulait ? Serait-il à la hauteur des circonstances, ou n'était-il qu'une utopie ?

— Il ne faut pas engager le peuple dans la confrontation avec la Convention, mais s'en servir comme moyen de pression. Où est Hanriot ?

— Lui aussi a été libéré. Il masse des troupes et des canons devant l'Assemblée.

— Il faut qu'il se retire immédiatement. Que lui et ses hommes se mettent en défense autour de l'Hôtel de Ville.

Ils entrèrent dans la grande salle. Bonbon se précipita à la rencontre de son frère.

— J'ai préparé un appel au peuple…

— Laisse le peuple en dehors de tout ça.

Maximilien s'assit auprès de Couthon et répéta :

— Il faut qu'Hanriot se replie place de Grève et encadre les sections. Tout de suite.

Ahuri, Bonbon intervint.

— Mais il peut s'emparer de la Convention à tout moment. Elle est sans défense.

— Tu ne comprends donc pas ? En aucun cas nous ne devons être les agresseurs.

Couthon, qui avait saisi la manœuvre, expliqua.

— L'Assemblée va nous placer hors la loi. Mais pour nous arrêter, ils vont devoir faire intervenir la force armée. Jusqu'au dernier moment, ils auront pour eux le droit. Mais dès qu'ils tireront le premier coup de fusil, la légalité s'effacera devant une force qui la dépasse.

— Laquelle ? interrogea Bonbon.

— La puissance du symbole. Dès qu'un pouvoir tire sur le peuple, c'est lui qui devient illégal.

Immédiatement, Le Bas se leva.

— Je préviens Hanriot de se replier.

Robespierre se mit à tousser, mais personne n'y prêta attention. Collot se frotta les mains :

— Et maintenant, il n'y a plus qu'à les pousser à la faute.

*Section des Tuileries*
*La Convention*

« Hors la loi ! » L'expression résonnait dans toutes les bouches. Les députés se la répétaient comme un talisman. Les secrétaires, les commis la répandaient à tous les étages. Déjà elle avait traversé les jardins et parcourait les bords de Seine. Bientôt elle franchirait le fleuve et gagnerait tout Paris.

« Hors la loi ! » Pour donner plus de poids à la nouvelle, Collot avait décidé d'une véritable mise en scène. L'éternel comédien avait réuni une douzaine de députés qu'il avait affublés d'un sabre, décorés d'écharpes et empanachés de plumes tricolores. À chacun, il avait fourni un tambour, un huissier portant solennellement les armes de la République et une escorte au flambeau. Leur mission : aller lire dans Paris la proclamation qui mettait Robespierre et ses complices hors la loi. L'Assemblée qui avait vu partir cette cohorte n'en était toujours pas revenue.

Au sous-sol, dans l'imprimerie de la Convention, Barras, lui, surveillait l'impression de la proclamation. L'Assemblée lui avait confié le commandement de la force armée. Fidèle à ses habitudes, il en avait profité pour placer sous son autorité tout ce qu'il jugeait nécessaire à sa mission. Et s'emparer de l'imprimerie avait été sa première action. La guerre des mots était la mère des batailles. Comme on commençait à faire fonctionner les presses, un officier, tout essoufflé, se présenta avec une nouvelle stupéfiante : Hanriot venait de se retirer de la place du Carrousel avec hommes et artillerie.

— La Convention a poussé des cris de victoire, je suppose ?

— Tous ont acclamé le député Barère : c'est lui qui a fait reculer les hors-la-loi.

Barras ne pipa mot, mais pensa à la tête de Tallien. Une fois de plus, il venait de se faire dépasser. Et personne, bien sûr, n'avait pensé qu'Hanriot pouvait avoir replié ses troupes pour des raisons tactiques. La situation lui apparut soudain très risquée. L'adversaire, ses forces regroupées, avait désormais la capacité de frapper de façon décisive. Si rien n'était fait, tout pouvait basculer. Barras se tourna vers l'officier.

— Je veux le décompte des troupes, gendarmerie, garde nationale, qui sont encore fidèles à l'Assemblée.

— Mais c'est impossible…

— Je le veux dans une heure. Et demandez au député Tallien de descendre.

Tallien avait un sourire forcé qui ne disait rien de bon. Barras se demanda s'il avait encore son poignard sous sa redingote. Qu'importe, il y avait plus urgent.

— Écoute, je suis sûr que le repli d'Hanriot est une feinte…

Il n'eut pas le temps de terminer.

— Ça ne t'étonne pas, toi, que ni Robespierre, ni Couthon, ni Le Bas, ni Saint-Just n'aient été emprisonnés, que partout on les ait refoulés ?

Barras, qui avait décidé de l'affectation de chaque accusé, se demanda s'il était visé.

— Et si Barère avait sciemment saboté leur emprisonnement ? reprit Tallien. S'il avait donné des ordres ?

— Et comment ? Il n'a aucun moyen de le faire.

— Je suis certain qu'il a tissé sa toile depuis longtemps. Tu ne vois pas son plan ? D'abord éliminer Robespierre, et enfin nous tous.

— Et Collot, il en pense quoi ?

— Cet imbécile vient de se faire rouler par Barère. Il va se ridiculiser avec ses députés déguisés comme pour un carnaval.

— Ils n'iront pas loin.

Tallien se lamenta.

— On va tous se retrouver dans le même sac, celui que Barère va jeter à l'eau.

Un typographe passa avec une première liasse de feuilles imprimées. Une odeur d'encre fraîche le suivait à la trace. Barras saisit une des feuilles, vérifia le texte et appela un commis.

— Faites-moi descendre un officier de liaison.

Tallien, pour tromper son angoisse, avait plongé la main dans une boîte contenant des caractères en plomb et les sortait un par un pour les examiner, comme s'il cherchait un défaut. Un lieutenant de cavalerie arriva et salua. Barras le prit à part :

— Vous allez réunir des estafettes par groupes de deux. Chaque groupe emportera une centaine de proclamations et se rendra dans les sections de Paris que je vais vous désigner.

Barras tendit un papier avec une liste.

— Section du Finistère, Section de Montreuil…

— Mais ce sont les quartiers les plus radicaux de Paris, mes hommes vont se faire recevoir à coups de fusil, objecta le militaire.

— Justement. Dès que vos estafettes rencontreront la moindre résistance, elles se replieront, mais en abandonnant systématiquement les proclamations.

Tallien, déjà à cran, s'écria :

— Mais le peuple va prendre feu !

— C'est exactement ce que je veux, répliqua Barras.

Barras avait entraîné Tallien à l'extérieur.

— Écoute, j'ai demandé sur combien de troupes loyales nous pouvons compter, mais je sais déjà que ça ne suffira pas. Il nous faut rallier les quartiers riches. Et le seul moyen de les mobiliser, c'est la peur.

— C'est pour ça que tu veux répandre l'incendie dans les quartiers populaires ?

— C'est pour ça que je veux que tu ailles dans les quartiers bourgeois. Jusqu'ici, ils n'ont pas bougé. Tu dois les convaincre de prendre les armes en notre faveur.

— Moi ? Pourquoi moi ?

Depuis qu'ils avaient rendu visite à l'Incorruptible, Barras avait vu passer le caractère de Tallien par tous les états possibles, de la panique à l'exaltation, de la prostration à la témérité. On ne savait jamais comment cet homme imprévisible et incertain allait réagir. À la différence de Barère, dont les événements avaient dévoilé l'ambition, Tallien n'avait ni force de caractère ni vision de l'avenir. Il ne se révélait que quand on lui tendait un miroir. Un miroir où brillait sa vanité.

— Pourquoi toi ?

Barras avait pris un ton stupéfait.

— Mais regarde-toi, enfin, tu es l'homme qui a fait tomber Robespierre ! L'homme qui a sauvé la France !

Barras saisit Tallien aux épaules.

— Parle ! Ils t'écouteront !

L'œil soudain rallumé, Tallien se redressa.

— Je vais enrôler des citoyens, former des bataillons… Tu pourras défendre la Convention.

— Je ne compte pas la défendre.

— Mais alors, pourquoi lever des troupes ?

— Pour attaquer l'Hôtel de Ville.

*Section de la Maison commune*
*Place de Grève*

Tout autour de la place et dans les rues avoisinantes, les taverniers faisaient fortune. Sans-culottes, Jacobins, gardes nationaux, artilleurs, tous buvaient à la santé de Robespierre, dont la victoire était imminente. En attendant, on vidait des cruchons d'eau-de-vie, on perçait les barriques de vin vieux et, surtout, on hurlait *La Marseillaise*. Tout le quartier était à la fête comme aux beaux jours du début de la Révolution. À cause de la pluie, qui redoublait, on avait abandonné les piquets de garde et bâché les canons pour les protéger de l'humidité. La place s'était vidée, abandonnée aux averses qui zébraient la façade de l'Hôtel de Ville.

Le vieux bâtiment, avec ses toitures grises d'ardoise, ses arcades profondes, ses hautes lucarnes et ses gargouilles, semblait un navire fantôme à la dérive.

Un seul étage était encore éclairé, le premier, celui où se tenaient l'Incorruptible et la Commune de Paris. Si les salles des conjurés grouillaient encore de monde, ailleurs la nuit avait pris possession des couloirs sans fin. Seul le grand escalier, éclairé par des chandeliers, bruissait encore des allers-retours de messagers qui tentaient de maintenir la liaison entre les différentes sections de Paris. L'effervescence avait cessé. La nuit était trop avancée pour qu'il se passe quoi que ce soit. C'était l'opinion générale. L'insurrection attendrait le lendemain matin.

Dans la salle du secrétariat, l'Incorruptible, assis sur une estrade, écoutait un discours. Toujours le même. Un responsable de quartier, de corporation, proclamait sa fidélité, déclamait sa ferveur et promettait son dévouement. Robespierre hochait la tête, prononçait quelques mots, et on passait au suivant. Saint-Just, dissimulé dans l'embrasure d'une fenêtre, regardait ce spectacle avec mépris. Comment Maximilien pouvait-il se prêter à pareille mascarade ? Sous sa chevelure poudrée, ne voyait-il pas qu'il se comportait comme un monarque auquel le peuple venait rendre hommage, qu'il singeait tout ce qu'il avait combattu et abattu ? Couthon n'avait pas les mêmes dépits : c'est lui qui avait conseillé à l'Incorruptible d'écouter et de conforter chaque soutien. Désormais, Robespierre ne représentait plus le peuple, il l'incarnait. Et s'il voulait que Paris le suive, il fallait que Paris le voie.

Relégués dans un angle de la salle, Hanriot et Le Bas observaient ces scènes d'allégeance avec stupéfaction. Ils se sentaient dépossédés par les événements. Leur mise en accusation, leur arrestation, leur libération… Tout était allé trop vite. Le Bas semblait le plus frappé. Comment avait-il pu réclamer d'être mis en accusation, alors qu'il n'était père que depuis quelques semaines ? Juste avant d'être libéré par la foule, il avait aperçu Babeth, leur enfant dans ses bras. Ils n'avaient pu échanger que quelques mots. Il fallait qu'il lui écrive, qu'il lui explique. Tout de suite.

— C'est ridicule, éclata Bonbon. Mon frère se fait aduler alors qu'il devrait prendre la tête des opérations, et nous, nous ne faisons rien. Nous ne faisons qu'attendre.

Couthon avait toujours eu du mal à comprendre le désarroi d'autrui. Et plus encore à le prévoir. Pour lui, la politique n'était pas affaire de doutes et d'interrogations, mais de calcul et de stratégie. Et dans la bataille contre la Convention, il était sûr d'avoir un coup d'avance.

— Je te l'ai déjà dit. Nous ne devons pas attaquer en premier. Il faut attendre que nos adversaires portent le premier coup. Alors le peuple entier de Paris se soulèvera. Nous n'aurons pas à prendre le pouvoir. Seulement à l'accepter.

Bonbon montra les fenêtres qui donnaient sur la place de Grève.

— Et il est où, le peuple qui doit nous protéger ? La garde nationale se débande. Les artilleurs abandonnent leurs canons…

Couthon fit signe à Hanriot de répondre. D'une voix lente, comme s'il s'adressait à un enfant, le général expliqua :

— Ce sont tous des volontaires. On ne peut pas les garder sans cesse sur le qui-vive. Je les ai autorisés à rentrer chez eux. Ils doivent reprendre des forces pour être prêts à se battre demain.

Robespierre se leva. Ses jambes le faisaient souffrir et la toux, qu'il dissimulait avec peine, lui déchirait de plus en plus la poitrine. Il se sentait accablé. Parler à chacun était un calvaire qui l'épuisait. Il ne supportait plus ces visages, admiratifs et volubiles, qui se penchaient vers lui. Il avait besoin de dormir, de s'oublier dans le sommeil, mais il fallait continuer. Encore. Le lendemain était le grand jour. La confrontation finale. Il devait la préparer. Il s'approcha d'une fenêtre, regarda fixement la place désertée, puis se tourna vers Hanriot.

— Sur combien de sections pouvons-nous compter dans Paris ?

Le général prit son temps pour répondre.

— En temps normal, les deux tiers.

L'expression « en temps normal » fit tiquer Le Bas. Il leva la tête de la lettre qu'il était en train d'écrire.

— Que veux-tu dire ? Que le fait que nous soyons décrétés hors la loi va nous faire perdre le soutien de certaines sections ?

— Non. Simplement, il y a eu l'affaire Hébert…

À ce nom, Saint-Just sortit de son mutisme. C'était lui qui avait mené l'offensive contre le journaliste et qui avait obtenu sa tête au printemps précédent. D'un coup, il prit ce ton saccadé et impérieux qui, quand il était attaqué, fauchait comme la mitraille.

— Hébert était un irresponsable. Son journal, *Le Père Duchesne*, un brûlot qui appelait à l'émeute. Il voulait tout abolir, le commerce, la propriété… Si on l'avait laissé faire, il aurait anéanti la Révolution.

Couthon le soutint.

— Seule la guillotine pouvait le faire taire. Il n'y avait pas d'autre choix.

Hanriot, lui, était resté proche de son quartier d'origine, Saint-Marcel, un des plus miséreux de Paris, où il avait plusieurs fois mené les habitants à l'émeute. Il le connaissait bien.

— Sauf que l'exécution d'Hébert nous a coupés de la partie la plus pauvre de la population, de celle dont il était le seul espoir. Aujourd'hui, pourquoi nous soutiendraient-ils ?

On frappa à la porte. Un membre de la Commune, qui siégeait à côté, demanda si l'Incorruptible pouvait recevoir une délégation. Robespierre secoua la tête et fit signe à ses proches de s'approcher. Il sentait en lui la force d'un sursaut.

— Si nous sommes attaqués, nous ne pourrons pas compter sur une mobilisation spontanée des sections. Il faut donc leur lancer un appel, leur prouver que leur intérêt est le nôtre.

Bonbon sauta sur l'occasion.

— Je le répète depuis que nous avons été arrêtés, il faut rédiger une proclamation pour soulever Paris.

Inquiet, Couthon rechigna. Il n'aimait pas changer de stratégie en cours de route. C'était faire entrer le hasard dans l'arène.

— Pourquoi se jeter tête en avant dans l'illégalité ? Pourquoi prendre un risque aussi hasardeux ?

— Parce qu'il faut donner des gages au peuple, appuya Le Bas. Pour qu'il comprenne que, dans notre duel à mort avec la Convention, nous sommes son seul défenseur.

Saint-Just trancha.

— Maximilien a raison. Faisons ce qu'il dit. Et sans attendre.

Bonbon saisit une feuille à l'en-tête de la Commune de Paris. De la main, il repoussa un pistolet chargé qu'Hanriot avait posé sur la table.

— Par quelle section commençons-nous ?

— Celle des Piques, recommanda Le Bas. Le quartier de la Madeleine et de la Chaussée d'Antin. Maximilien en a été le président.

La plume attaqua aussitôt le papier.

« Courage, patriotes de la section des Piques, la liberté triomphe. Déjà ceux que leur fermeté a rendus formidables aux traîtres sont en liberté ; partout le peuple se montre digne de son caractère... »

— Assez de phrases, s'impatienta Saint-Just. Dis-leur de venir.

« ... Le point de réunion est à la Commune... »

Toujours méthodique, Couthon intervint.

— Les sections marcheront si vous leur donnez un nom. Un nom derrière lequel s'engager. Sinon, elles ne vous suivront pas.

— Ce ne peut être ni Bonbon ni moi, remarqua Le Bas. Nous ne sommes pas assez connus du peuple.

— Il faut préserver Saint-Just et Maximilien, eux ne doivent pas se compromettre, demain ils auront en charge la République, reprit Couthon. Quant à moi…

Il montra ses jambes mortes d'une main, avant de la tendre vers Hanriot.

— Tu diriges la garde nationale. Tout Paris te connaît. Tu dois accepter.

Hanriot fit un mouvement de la tête que l'on prit pour une approbation. Bonbon ressaisit la plume.

« … Le brave Hanriot exécutera les ordres du Comité d'exécution qui est créé pour sauver la patrie. »

Saint-Just saisit la lettre et la tendit à Le Bas.

— Va dans la pièce d'à côté. Il y a Payant, Legrand et Louvet, tous membres de la Commune de Paris. Le peuple les connaît bien. Fais-les signer.

Quand il revint, Saint-Just vérifia les signatures et tendit l'appel à Maximilien.

— À toi, maintenant.

L'incorruptible saisit la plume, il écrivait les deux premières lettres de son nom quand un cri angoissé retentit dans la salle voisine :

— La Convention nous attaque !

*Section de la Maison commune*
*Rue de la Vannerie*

Le gendarme Merda commençait à perdre patience. Voilà une heure que ses camarades et lui attendaient face à la place de Grève. On les avait placés en tête de colonne. Pas étonnant quand on voyait le ramassis de soldats de carnaval qui attendait derrière. Des boutiquiers ahuris, des artisans trempés et des bourgeois qui faisaient dans leur culotte. On leur avait distribué des fusils que la plupart ne savaient même pas charger. S'ils devaient affronter les cavaliers d'Hanriot, ils se feraient sabrer avant même d'avoir tiré une cartouche.

— Tu vois quoi, toi ? l'interrogea son voisin.

Merda plissa les yeux. Un rideau de pluie noircissait la façade de l'Hôtel de Ville. Seules quelques fenêtres semblaient éclairées.

— Y a pas l'air d'avoir grand monde.

— Ça sent le piège.

C'était l'avis général. Chacun scrutait l'enchevêtrement des cheminées qui s'échappaient de la toiture. Si des tireurs étaient installés là, personne ne parviendrait à traverser la place.

— Tu aperçois des canons ?

— Trop de pluie. On ne voit rien.

— On va se faire tirer comme des lapins.

Derrière eux, la troupe s'écartait. Barras à cheval montait vers la première ligne. Il avait revêtu un uniforme trop grand pour lui, dont les épaulettes dégoulinaient sur ses épaules.

— Tu le connais ?

Merda secoua la tête.

— Paraît que c'est un député. Ils l'ont bombardé général pour l'occasion.

— Avec ça, on est bien partis.

Barras mit pied à terre. En remontant la rue, il avait découvert les « soldats » que Tallien avait réussi à recruter. Leur nombre pouvait faire illusion, mais jamais ils ne parviendraient à prendre d'assaut quoi que ce soit. Il se jeta sous un porche et fit allumer une lanterne.

— Montre-moi le plan.

Un sous-officier déplia un rouleau. La place de Grève était cochée d'une croix rouge. Trois accès débouchaient devant l'Hôtel de Ville. Deux rues étroites, où étaient actuellement stationnés les hommes, et une entrée plus large au nord. Barras sortit du porche et se plaça près de la première ligne de gendarmes. La pluie avait baissé d'intensité. On voyait mieux la façade. Une ligne de fenêtres était toujours éclairée. La plus proche du débouché nord. Barras fit venir son second.

— Vous prenez tous les hommes et vous les faites avancer par le côté nord. Moi, je garde les gendarmes.

Comme l'officier partait, il le retint.

— Et surtout faites du bruit. Beaucoup de bruit !

Puis il se tourna vers les gendarmes. Merda fut le premier qu'il vit.

— Rassemble tes camarades.

Barras jeta sa veste d'uniforme au sol et dénoua sa chemise.

— Et maintenant, on va entrer par la grande porte !

Le Bas s'était précipité vers une des fenêtres. D'un coup de coude, il brisa la vitre. Sur la place, une ligne d'hommes, fusil sur la hanche, avançaient en martelant le pavé. Des petits groupes détalaient. Personne ne résistait.

— Ils arrivent par la droite ! Une colonne armée !

On entendait déjà les hurlements des sous-officiers qui commandaient la manœuvre. Fou de colère, Le Bas se précipita sur Hanriot qu'il traîna près de la fenêtre.

— Traître ! Où sont tes hommes ?

Hanriot riposta par un violent coup de poing qui propulsa Le Bas contre la fenêtre. Avant de s'écrouler, ce dernier agrippa la nuque de son agresseur et le fit basculer dans le vide. En un instant, Hanriot disparut dans la nuit.

Saint-Just saisit Couthon pour le protéger. Il appela Bonbon à l'aide, mais le frère de Robespierre restait comme pétrifié devant le corps de Le Bas sous lequel s'étalait une tache de sang.

Maximilien avait saisi le pistolet qui était sur la table et arma le chien.

Saint-Just traînait toujours Couthon. Il traversa la salle du Conseil où les membres de la Commune couraient en tous sens. Saint-Just eut un rictus de mépris. Les mêmes qui venaient de jurer fidélité à Robespierre fuyaient comme des rats. L'escalier n'était pas loin. S'il parvenait à le descendre, il pourrait mettre Couthon à l'abri. Le mieux était de le porter sur ses épaules. Comme il tentait de le hisser, deux coups de feu éclatèrent au bas de l'escalier.

— Laisse-moi là, supplia Couthon, sauve Robespierre.

Saint-Just hésita, puis lâcha Couthon. Le paralytique tenta de se redresser, mais le poids de ses jambes mortes lui fit dévaler une première marche. Il tendit une main pour saisir une des colonnes de la rampe, mais l'élan était trop fort, son poignet se brisa net. Quand il se mit à hurler, son corps rebondissait déjà de marche en marche.

Barras s'arrêta. Un homme venait de tomber d'une fenêtre. Le visage en sang, il rampait au sol. Plus loin, les gendarmes, montés à l'assaut, tentaient de se frayer un passage à travers le torrent de fuyards qui jaillissait de l'Hôtel de Ville. Merda sortit son sabre et frappa au hasard. Une trouée s'ouvrit devant lui. Il se mit à courir. La porte, dont les battants avaient cédé, n'était qu'à quelques pas. Il réussit à franchir l'entrée ; l'escalier était dégagé. Il se jeta sur les marches. Au premier palier, un corps disloqué gisait contre la rampe. Il avait dû être piétiné par les fuyards puis projeté sur le côté. Merda ne s'arrêta pas. À côté de lui, ses camarades hurlaient d'excitation. Le gibier était acculé. Il ne pouvait plus leur échapper.

Ils traversèrent un vestibule, puis deux, bousculant tout sur leur passage. Merda fut le premier à entrer dans la pièce où se tenait l'Incorruptible. Un homme, chaussures à la main, enjambait une fenêtre. Il s'élança pour le retenir, mais Bonbon avait déjà sauté dans le vide.

Merda se retourna.

Maximilien posa le canon de son pistolet sur sa tempe.

Le gendarme se précipita.

Le coup dévia.

La mâchoire de Robespierre éclata comme un soleil.

# 10 THERMIDOR

(28 juillet)

## Lundi

*Section des Amis de la Patrie*
*Rue Neuve-Saint-Jean*

Par précaution, on avait tiré les rideaux pour atténuer le son des instruments. Les patrouilles qui arpentaient le quartier dès la nuit tombée n'appréciaient pas la musique. Violon et clavecin étaient considérés comme des vestiges de l'Ancien Régime, des plaisirs d'aristocrates à un moment où Paris crevait de peur et de faim. Pour autant, il ne serait venu à aucun sans-culotte l'idée de frapper du poing à la porte de cet immeuble pour exiger une fouille nocturne. Il est des peurs que même une révolution n'abolit pas.

Dans l'escalier qui menait au premier étage résonnaient les accords d'une sonate dont la source se trouvait derrière une porte blanche. Un battant s'ouvrit pour laisser passer un aide-cuisinier remportant un plat où se devinaient les reliefs d'un canard cuit au sang.

— Laissez ouvert, on étouffe ici, lança Tobias Schmidt en plaquant un dernier accord sur le clavecin.

Assis autour de la table, les convives approuvèrent. La chaleur était redevenue insupportable, malgré la pluie qui n'avait cessé de crépiter sur les pavés une heure auparavant. Schmidt se leva de son siège et vérifia la tension des cordes en les pinçant entre son pouce et son index.

— Il faut que tu fasses venir l'accordeur, annonça-t-il au maître de maison assis en bout de table.

— Trouver un accordeur est moins difficile que d'apercevoir un sourire sur la face de Fouquier-Tinville.

Les nerfs encore tendus par l'orage, la tablée éclata de rire. Leur hôte avait toujours eu un sens aigu de la provocation. Il adorait jouer avec la peur. Et d'abord avec la sienne. La nuit était déjà bien avancée, mais personne ne songeait à partir. Sans oser l'avouer, on attendait. Tous les invités savaient que le maître de maison pouvait être appelé à tout instant. Si on se pressait à cette table, ce n'était pas tant pour son opulence que pour le frisson qui pouvait surgir à n'importe quel moment.

L'hôte se tourna vers son invitée la plus proche, une jeune femme aux yeux verts qui portait un liseré de dentelle noire autour du cou.

— Ce ruban, c'est une nouvelle mode ?

Autour de la table, les visages, qui guettaient le dessert, se figèrent. Subitement, on entendit le battant de l'horloge qui rapprochait les aiguilles de 3 heures du matin. Schmidt s'adressa au maître de maison.

— Si cette jeune fille ne te répond pas, c'est qu'elle a peur de t'offenser. Alors je vais le faire pour elle. Si on porte un liseré couleur de deuil autour du cou, c'est pour marquer…

— Je crois que j'ai compris.

L'hôte se tourna vers son invitée dont le regard vacillait de honte.

— Il se trouve que vous avez placé votre ruban trop haut. Voyez-vous, quand le couperet tombe…

Le maître de maison joignit le geste à la parole et caressa du doigt la base du cou de la jeune femme qui frissonna.

— … c'est juste entre ces deux vertèbres.

La tablée se détendit comme un ressort. Certains même passaient la main sur leur nuque, comme mus par un irrésistible désir mimétique. Tobias profita de ce moment pour reprendre la parole. Il avait toujours adoré être le centre de l'attention.

— Savez-vous ce qu'a dit le bon docteur Guillotin quand il a présenté la machine qui désormais porte son nom à l'Assemblée nationale ?

Avant même que les convives réagissent, il enchaîna sur un ton théâtral :

— « Le couteau tombe, la tête est tranchée à la vitesse du regard, l'homme n'est plus. À peine sent-il un rapide souffle d'air frais sur la nuque. » Autant vous dire que cette dernière parole a jeté un froid.

De nouveau, l'assemblé éclata de rire. Seul le maître de maison, dans son habit noir, demeurait impassible. De la main droite, il roulait de la mie de pain entre ses doigts et, quand elle avait atteint une forme sphérique, il la déposait sur la table. Tobias Schmidt s'était rassis. Il saisit un verre de vin qu'il fit miroiter sous le feu des chandelles. Ses mains fines et délicates contrastaient avec l'embonpoint de sa personne. Son regard s'alluma quand un serviteur entra avec les sorbets. S'il y avait un seul homme dont la Révolution avait fait le bonheur, c'était lui.

— Il y a une question que je me suis toujours posée, lança un invité que la bonne humeur générale avait enhardi. Pourquoi le couperet de la guillotine n'est-il pas droit, mais de biais ?

Schmidt sourit :

— À la vérité, quand nous avons fait les premiers essais, nous disposions de deux couperets de formes différentes.

Autour de la table, tout le monde savait que Tobias Schmidt, jusque-là discret facteur d'instruments de musique, avait été choisi pour construire le premier modèle de guillotine.

— Nous nous étions installés passage de l'Ancienne-Comédie. Un excellent voisinage. En face Marat avait son imprimerie, Danton habitait à deux numéros… Il a été un de nos meilleurs clients, d'ailleurs.

L'allusion à la décapitation du tribun de la Révolution glaça la tablée.

— Nous avions loué un hangar où nous assemblions la machine nous-mêmes. Aucun menuisier de Paris n'avait voulu s'en charger. Par discrétion, chaque pièce arrivait d'un atelier différent.

De la main, Schmidt traça la forme des différents éléments.

— D'abord les montants en chêne, puis la lunette circulaire où glisser la tête, la planche à bascule et enfin le couperet.

Chaque invité croyait voir l'ombre de la guillotine assombrir la nappe.

— Et quand a-t-elle été entièrement montée ? interrogea l'un d'eux.

Tobias plongea une cuillère gourmande dans son sorbet.

— Eh bien, nous avons procédé aux premiers essais. D'abord avec des moutons, morts bien sûr, ensuite…

Schmidt fit claquer sa langue sur ses lèvres.

— Ce sorbet est vraiment délicieux !

— Vous avez décapité des animaux vivants ? s'écria la jeune femme qui portait le bandeau noir à son cou.

— Nous n'avons pas eu le choix… Il fallait absolument vérifier comment se comportait la machine en situation… Vous savez, un mouton, ça gesticule beaucoup. Comme un condamné.

L'invité qui le premier avait pris la parole récidiva.

— Et c'est à ce moment que vous avez choisi la forme définitive du couperet ?

Tobias tendit la main vers la carafe à liqueur.

— Du tout. Il nous fallait des conditions réelles d'utilisation. Alors nous sommes allés à Bicêtre.

À ce nom, le maître de maison leva la tête. Bicêtre ! La prison la plus ignoble de Paris. On y rassemblait vagabonds, estropiés, prostituées, délinquants de toutes sortes dans une promiscuité propice à tous les crimes. Depuis la Révolution s'y ajoutaient les prisonniers politiques. La mortalité y était effarante. On y charriait tous les jours des cadavres anonymes. C'était pour cette raison que Tobias s'était déplacé à Bicêtre.

— J'ai installé la machine dans une cour discrète de la prison. C'était la première fois qu'on la démontait et qu'on la remontait. Cela a permis des découvertes… et des améliorations. Par exemple, tous les éléments coulissants ont dû être bordés de cuivre : on s'est aperçus que le sang faisait gonfler le bois et risquait de bloquer la machine.

C'était dans les détails qu'excellait Tobias. De facteur délicat de clavecins, il était devenu constructeur de guillotines. Il y mettait le même soin, à tel point que jamais aucune de ses machines n'avait connu d'échec. Une réputation d'excellence qui lui valait des commandes de toute la France. Et une prospérité dont il était fier.

— Bicêtre nous a livré trois cadavres : deux vagabonds et une prostituée. Nous avons placé le premier corps sur la planche à bascule, la tête dans la lunette… Comme nous n'avions aucun récipient pour la récupérer après la décapitation, nous avons emprunté un sac à un charretier et, comme il restait un peu d'avoine au fond, ç'a été parfait pour éponger le sang.

— Mais c'est horrible ! s'écria une voix.

— Depuis, nous utilisons des sacs de cuir, mais je songe à faire fabriquer des seaux doublés de cuivre, précisa Schmitt. On les nettoie à l'eau et on les réutilise aussitôt. Bien plus rentable.

— Et pour ce premier corps, quel couperet avez-vous utilisé ?

— Un couperet en forme de demi-lune. Avec sa structure porteuse en bois, ça approche les quarante kilos. Vous imaginez quand ça touche le cou… Imparable.

Un bruit de sabots lancés au trot monta de la rue. Un des convives se leva, entrouvrit les rideaux et observa discrètement de la fenêtre.

— Un escadron de la garde nationale. C'est le deuxième qui passe, sabre au clair, depuis le début de la soirée.

— Tant qu'il ne s'arrête pas devant la porte… répliqua Tobias, agacé d'avoir été interrompu. Comme je vous le disais, tout s'est bien passé jusqu'à ce que nous glissions la prostituée sur la planche à bascule…

Mais le charme déjà se rompait. Autour de la table, on tournait un regard inquiet vers la porte. Même si on se savait dans une des rares maisons sûres de Paris, on ne pouvait être certain de rien. Des rumeurs contradictoires en provenance de la Convention avaient circulé tout l'après-midi. Schmidt reprit la parole en haussant la voix :

— … Et là, sous le choc, le cadavre de la malheureuse nous a échappé. Il a sauté en l'air avant de s'écraser sur le pavé. Vous imaginez en public… Un corps sans tête qui se met à danser la gigue sur l'échafaud ?

De la main, Tobias mimait le mouvement tressautant du corps. D'un coup, il récupéra toute l'attention de son auditoire.

— Pour éviter un tel spectacle, nous avons changé pour la lame en biseau. Bicêtre nous a fourni trois autres corps et le résultat a dépassé nos espérances. Voyez-vous, une lame oblique ne fait pas que couper, elle tranche, elle cisaille, elle sectionne, elle…

Une grêle de coups ébranla la porte d'entrée. Le maître de maison se leva d'un bond et se précipita vers l'entrée.

— Charles Henri Sanson ?

Le bourreau répondit par l'affirmative.

— Le Comité de salut public vous envoie ses ordres.

Le messager lui tendit un pli scellé d'un œil flamboyant et inquisiteur. L'exécuteur des hautes œuvres l'ouvrit et hocha précipitamment la tête.

— Je pars tout de suite.

Dans la salle à manger, tous les invités attendaient fébrilement le retour de leur hôte, mais seul Tobias osa l'interroger.

— Alors ?

— Je dois dresser la guillotine place de la Révolution. Tu viens avec moi. Il nous faudra au moins deux couperets.

— Pourquoi ?

— Il y a vingt-deux condamnés.

*Section révolutionnaire*
*Conciergerie*

Devant la glace du salon, Fouquier-Tinville tentait de remettre d'aplomb sa cravate. Sa main tremblait et à chaque instant il se penchait pour voir si le convoi parti de la Convention arrivait. Déjà le Pont-Neuf était noir de monde. La nouvelle s'était répandue dans tout Paris et on accourait pour voir l'agonie de la bête. À tous les coins de rue, des gamins vendaient des feuilles imprimées à la hâte. Fouquier n'avait pas besoin de les lire. Il savait déjà que tous les plumitifs de Paris étaient en train de hurler avec les loups. Et ils ne s'arrêteraient pas là. Il leur faudrait du sang. Beaucoup de sang, pour faire oublier celui de la guillotine. Un huissier entra et salua. Fouquier lui avait demandé de faire le tour des cellules.

— Alors, comment se comportent les prisonniers ?

— Toute la prison est en ébullition, citoyen. Les rumeurs les plus folles courent. On dit qu'on va libérer tous les détenus dans la journée, qu'on recrute des criminels de droit commun pour assassiner les proches de l'Incorruptible.

Fouquier le renvoya d'un geste. Il avait besoin de réfléchir. Seul. Huit mille, c'était le nombre actuel de prisonniers dans toutes les prisons. Huit mille hommes et femmes, qui une fois dehors n'auraient qu'une obsession : se venger. Et c'était là sa chance. La dernière. Il rappela l'huissier.

— Partez immédiatement pour la Convention et approchez Barras en mon nom. Dites-lui que je dois le voir sur-le-champ.

Il savait déjà qu'il ne servirait à rien de parler à Tallien. Depuis qu'il avait manié le poignard à la Convention, il devait se prendre pour un héros antique.

Sans compter que pour libérer Thérésa, il avait tout intérêt à ouvrir les prisons à tour de bras pour ne pas être accusé de partialité. Ne restait que Barras. Lui comprendrait vite.

Fouquier savait déjà quels arguments il allait faire valoir. Ceux qui venaient de faire tomber Robespierre n'étaient que des idoles en sursis. Ce jour-là, on les félicitait de leur courage, le lendemain on leur reprocherait de ne pas avoir agi plus tôt, le surlendemain d'avoir été complices. La répression ne pouvait s'arrêter, elle devait seulement devenir plus subtile. Il fallait libérer en masse tous ceux qui n'avaient aucun poids politique et se montrer partout en grand libérateur. La liberté recouvrée et surtout la crainte profonde de la perdre de nouveau effaceraient rapidement toute velléité de vengeance dans le peuple. Quant aux politiques professionnels, aux agitateurs publics – si les nouveaux maîtres de la Convention voulaient garder leur pouvoir –, il ne devait pas en sortir un seul.

Il avait enfin réussi à nouer sa cravate. Il passa dans la chambre où sa femme l'attendait. Juste à côté, on entendait la cavalcade des enfants qui riaient en jouant.

— Dès que je descendrai au Tribunal, tu quitteras l'appartement. Je veux que tu ailles chez tes parents et que tu n'en bouges pas.

Henriette ne répliqua pas. Depuis que son mari était devenu accusateur public, elle avait cessé de voir et d'entendre.

— Les têtes risquent de tomber comme des ardoises les jours prochains. Alors protège-toi.

Quand il se retourna face au miroir, elle avait déjà disparu et les enfants ne criaient plus. Fouquier était seul pour affronter la tempête.

— Citoyen, la première charrette vient d'arriver de la Convention.

L'accusateur public, qui attendait dans la cour, tendit la main. Cette fois, elle ne tremblait pas.

— Vous avez l'ordre de détention des suspects ?

L'huissier lui glissa le papier officiel. Fouquier ne prit pas la peine de le vérifier. Il savait déjà qui l'avait signé. Tallien avait dû prendre une moitié de page pour apposer son paraphe, Barras avait su se faire beaucoup plus discret, quant à Fouché, il ne signait jamais ses crimes.

— Amenez les suspects dans la salle d'écrou.

Le fonctionnaire toussa.

— Il va nous falloir des tables, citoyen. Trois des suspects ne sont pas en état de rester debout, ni assis…

— Ils pourront décliner leur identité ?

— Je l'ignore.

— Prévoyez une table et un matelas de toile par blessé. Si vous n'en trouvez pas assez, prenez-les dans mon appartement.

Puis, comme si Fouquier craignait d'avoir fait preuve de trop d'humanité, il tourna le dos et se dirigea à grands pas vers le Tribunal révolutionnaire.

La salle d'écrou de la Conciergerie n'avait pas changé depuis des siècles. Basse et mal éclairée, sa voûte était noire du suif des chandelles qui brûlaient nuit et jour. Les greffiers les plus anciens pouvaient encore réciter la liste des personnalités qui avaient hanté ce lieu pour n'en jamais ressortir vivantes. Du brigand Cartouche au régicide Damiens, tous avaient connu ce rituel identique où un fonctionnaire, d'une voix neutre, enregistrait leur entrée au royaume des ombres.

Assis derrière une table tachée d'encre, un greffier finissait d'écrire la date et l'heure : « À la Conciergerie, ce 10 thermidor, an II de la République, à 10 heures. »

Il se tourna vers les gendarmes qui avaient accompagné les suspects depuis la Convention.

— Combien y a-t-il d'entrants ?

Un des militaires répondit.

— Cinq.

— Amenez-les.

Les tables venaient d'arriver du réfectoire. On y glissa des matelas avant de poser les premiers corps. Sur trois, deux ne bougeaient plus. Le greffier se leva. Il était inquiet pour la procédure. Depuis qu'il officiait, aucun détenu n'avait pu le surprendre. Muets ou volubiles, tous finissaient par donner leur nom, âge et qualité. Sauf que là…

— Que leur est-il arrivé ?

L'officier qui dirigeait l'escorte de gendarmes leva les bras en signe d'impuissance.

— Leur arrestation a été difficile.

Le greffier s'approcha. Un des corps tressautait encore. Visiblement, à voir l'extrémité bleuie d'un os qui tentait de percer sous la peau, un des bras était brisé.

— Il a sauté par la fenêtre durant l'assaut de l'Hôtel de Ville. On l'a retrouvé dans cet état sur le pavé.

Malgré ses dents brisées, il parlait encore, mais personne ne l'entendait. Tous autour de la table étaient fascinés par l'œil qui, encore retenu par le nerf optique, se balançait en cadence le long de la joue.

— Il s'appelle Hanriot, prénom François…

Le greffier avait pris son registre et sa plume.

— … âgé de 35 ans. Commandant de la garde nationale.

Pragmatique et prudent, le fonctionnaire nota : « Ex-commandant de la garde nationale. »

Juste à côté, un autre corps ne donnait aucun signe de vie, si ce n'était un faible râle qui expirait en bulles de salive au coin des lèvres. Le greffier remarqua que son crâne était enfoncé.

— Lui aussi, il est tombé ?

Le gendarme haussa les épaules et tira une fiche de la poche de son uniforme. Visiblement, on lui avait tout préparé.

— Robespierre, dit le Jeune, prénom Augustin, âgé de 31 ans. Député de la Convention.

Dans la marge, le greffier nota : « Surnommé Bonbon. » On n'est jamais trop précis.

Puis il s'avança vers le troisième corps dont le visage, comme si on venait de le décrocher, s'était effondré sur la poitrine.

— Reins brisés, annonça le gendarme.

— Lui aussi est tombé de la fenêtre ? demanda le greffier en regardant les jambes disloquées.

— Non, dans l'escalier. Pour les jambes, c'est un paralytique, ajouta-t-il. Comme on a traîné le corps sur le pavé, elles n'ont pas tenu. Il s'appelle… voilà… Couthon, prénom Georges, âgé de 39 ans. Député de la Convention.

Après avoir tout noté, le greffier interrogea :

— Vous ne m'aviez pas dit qu'ils étaient cinq ?

— On a préféré commencer par les blessés les plus graves. Les autres peuvent encore tenir debout.

De la fenêtre ouverte de son bureau, Fouquier-Tinville écoutait le bruit qui montait des berges de la Seine. Un murmure sourd et continu, sans cesse ravivé par les crieurs de journaux : « Robespierre arrêté ! » « Le Comité de salut public décapité ! »

À chaque annonce, une salve d'applaudissements éclatait, chaque fois plus nourrie. L'huissier qui rentrait de la Convention, le visage en sueur et la parole en lambeaux, n'en finissait plus de raconter son odyssée.

— J'ai cru que je ne reviendrais jamais… Il en sort de partout… Le pire, c'est de la rue Saint-Honoré jusqu'ici… Une fourmilière… Les gens montent sur les toits pour mieux voir !

Fouquier ne réagit pas.

— Dans la nuit, la Convention a ordonné à Sanson de démonter la guillotine et de l'installer place de la Révolution.

Là où Danton, Desmoulins, Hébert, tous les adversaires de Robespierre ont perdu la vie, pensa l'accusateur public. Tallien et ses amis avaient le sens du symbole.

— Dis-moi plutôt si tu as vu Barras ?

— Oui, citoyen, et je lui ai transmis votre message. Sauf que…

Fouquier-Tinville avait compris. De la main, il fit signe à l'huissier de se retirer. Il avait compté sur Barras, plus malin que les autres, et il s'était trompé. Ou plutôt, c'était Barras qui ne s'était pas trompé. Personne ne voudrait être vu avec l'accusateur public du Tribunal révolutionnaire. Fouquier dénoua sa cravate. Il crevait de chaud et sa nuque raidie lui faisait mal. Que lui restait-il comme option ? La fuite. Ce serait se reconnaître coupable. Et coupable de quoi ? D'avoir exécuté les ordres ? Dans ce cas, il faudrait aussi arrêter Sanson, qui faisait tomber le couperet. Et pourquoi pas Guillotin, qui avait inventé cette sordide machine à tuer ? Fouquier savait qu'il essayait de se rassurer. Même s'il tentait de fuir, son visage était connu de tout Paris. Au mieux, il finirait au bout d'une corde, au pis, piétiné par une foule en furie. Non, il n'avait plus qu'une option. Faire son travail.

Comme toujours.

Il rappela l'huissier.

— Tous les mis en accusation envoyés par la Convention ont-ils été enregistrés à l'écrou ?

— Oui, sauf Saint-Just et Robespierre.

— Pourquoi ?

— On pensait que vous voudriez…

Les yeux déjà charbonneux de l'accusateur public virèrent à la nuit.

— Vous pensez pour moi ?

— Surtout pas, citoyen !

— Alors enregistrez-les immédiatement et placez-les en cellule. Aucun favoritisme.

Fouquier se leva et rajusta sa cravate.

— Et convoquez le Tribunal pour midi. Assez de temps perdu.

*Section des Tuileries*
*Place de la Révolution*

Toutes les rues menant à la place étaient bloquées par des cordons de gardes nationaux. Barras, qui inspectait les premières lignes, observait avec inquiétude les visages qui se massaient à l'entrée de la place. Il marchait avec lenteur, vêtu d'un uniforme sans épaulettes, pour mieux observer les Parisiens qui se rassemblaient. Ce qu'il craignait, c'était la mobilisation des faubourgs populaires, Saint-Antoine et Saint-Marcel, d'où partaient toutes les insurrections depuis la prise de la Bastille. Robespierre avait créé autour de lui une véritable fascination. Il suffisait de lire les lettres idolâtres qu'il recevait de tout le pays pour s'en convaincre. On baptisait des rues, des bâtiments publics en son honneur, on donnait son nom aux nouveau-nés... Un véritable culte dont les adeptes pouvaient devenir imprévisibles. Et si un groupe de fanatiques tentaient de le délivrer par la force ? Si une émeute éclatait pendant son transfert de la Conciergerie à l'échafaud ? Inquiet des risques, Tallien avait suggéré de régler autrement le problème. Et si l'Incorruptible, déjà blessé, succombait à ses blessures dans sa cellule ? Il suffisait de le souffler à l'oreille de Fouquier-Tinville. Celui-là était prêt à tout pour sauver sa tête. Mais Barras s'était opposé à ce projet. Il était essentiel que le peuple voie tomber la tête de Robespierre, comme il avait été essentiel qu'il vît tomber celle du roi. L'idole devait être mise à mort en public. Seule la violence assumée légitimerait le nouveau pouvoir en montrant qu'il ne craignait personne. Tallien s'était laissé convaincre, mais Barras, devant le peuple venu en masse, commençait à douter.

— Général ?

Surpris, l'ancien représentant en mission tourna la tête. Il ne se faisait toujours pas à ce titre ronflant que lui avait conféré la Convention. L'aide de camp qu'il avait envoyé au domicile de Robespierre était prêt au rapport.

— Général, je vous confirme que tous les membres de la famille Duplay présents rue Saint-Honoré ont été arrêtés. Ils ont été conduits à la prison de Sainte-Pélagie.

— Combien en tout ?

— Quatre. Le père, la mère et deux de leurs enfants.

— Vous avez leurs prénoms ?

L'aide de camp consulta son carnet.

— Oui. Deux filles. Éléonore et Élisabeth. Elles ont été placées en cellules séparées.

Barras pensa à sa seule rencontre avec Éléonore, quand elle montait la garde devant la chambre de l'Incorruptible. Son présent semblait aussi brillant que son avenir. Trois jours plus tard, elle avait tout perdu.

— Mettez les deux sœurs ensemble et veillez à ce qu'elles soient bien traitées.

Si jamais la situation se retournait, songea Barras, elles pourraient toujours témoigner qu'il avait pris soin d'elles.

— Et pour les papiers de Robespierre ?

L'aide de camp montra deux sacs que portait un garde national.

— Nous avons tout saisi, ainsi que sa correspondance et ses livres. Je vais les apporter au citoyen Barère qui les a réclamés.

— Non, apportez-les chez moi. Je m'occuperai personnellement de les transmettre à la Convention.

— Oui, général.

— Ensuite, vous irez trouver Carnot au Comité de salut public et vous lui direz de venir me rejoindre ici. Avec effet immédiat.

Au centre de la place, Sanson contrôlait le déchargement des pièces de la guillotine. Presque tout était sorti, il ne restait plus qu'à faire glisser les éléments du couperet en veillant à ne pas émousser la lame. À proximité, Tobias inspectait chaque pièce déposée au sol et la numérotait à la craie.

— Entretoise : numéro 6.

À quelques pas, des aides finissaient de monter l'échafaud où serait dressée la guillotine. Sanson monta l'escalier des condamnés et vérifia le niveau du sol. Il devait être parfaitement rectiligne.

— Changez-moi cette latte. Elle est usée et pourrait vibrer pendant les exécutions.

— Chapiteau : numéro 7, annonça Tobias.

Posée sur un billot de bois, la lame du couperet brillait sous le soleil. Un des aides examinait le tranchant en y faisant glisser son pouce. C'était la seule méthode pour découvrir une aspérité et la rectifier avec une pierre à aiguiser. Sanson s'approcha et soupesa la lame : il fallait qu'elle soit parfaitement équilibrée. Après plusieurs essais sur le plat de la main, il se tourna vers ses aides.

— Sortez le mouton.

Deux hommes s'élancèrent pour transporter la masse où allait se fixer la lame. De forme rectangulaire, lourde de plusieurs dizaines de kilos, c'était elle qui assurait l'accélération foudroyante nécessaire à la décapitation.

— Parfait, reprit le bourreau. Maintenant vous pouvez visser la lame au mouton. Attention de ne pas trop serrer les écrous, vous risqueriez de la fausser.

— Montant gauche : numéro 8, cria Schmidt en vérifiant la longue rainure où allait coulisser le couperet. Passez-moi de la graisse.

Du doigt, il fit couler le lubrifiant dans la fente en cuivre et vérifia que chaque portion de métal était bien recouverte.

— Il n'y a pas de rayures ? interrogea Sanson en se rapprochant.

— Aucune, mais vu le nombre d'exécutions, il faudra ajouter de la graisse à mi-parcours.

Une charrette venait d'arriver. Elle allait chercher les condamnés à la Conciergerie. Sanson salua le conducteur. Après chaque exécution, on roulait les corps dans une toile et, discrètement, on les jetait dans la charrette qui se tenait près de l'échafaud. Pour éviter tout incident, le conducteur dételait les chevaux, que les cris de la foule risquaient de faire se cabrer.

Restait le problème des têtes.

— On fait comment cette fois ?

Après avoir ordonné de dresser le montant de la guillotine sur l'échafaud, Tobias s'approcha. Il savait que Sanson avait horreur de parler de ça.

— Nous n'avons pas encore reçu d'ordres, mais je doute que les nouveaux maîtres de la Convention veuillent montrer les têtes des décapités au peuple. D'autant que pour certains, ce serait difficile…

Le conducteur ne répondit pas. Il avait bien entendu dire que Robespierre, blessé par balle, avait une mâchoire qui ne tenait plus qu'à un fil, mais ce n'était pas son problème.

— Moi, je dois savoir. Soit vous les prenez par la tignasse et vous les balancez au bout de votre poing, soit moi je vous les emballe direct et je les roule dans la charrette. Faut choisir.

Tobias appela un des aides.

— C'est bien toi qui te charges du seau ?

Le gamin, un rouquin au teint brique, hocha la tête.

— Oui, citoyen. Et si le patron ne prend pas la tête pour la montrer au peuple, je la passe au tamis…

— Au tamis ? s'étonna Tobias.

— Oui, c'est un ordre du patron. Pour que le sang ne coule plus sur l'échafaud. C'est pas bon pour le bois. Il gonfle. Alors moi, la tête, je la mets sur un tamis. Comme ça, le raisiné, il finit dans une bassine.

— Et tu en fais quoi ?

Le rouquin eut l'air gêné.

— Ben, ce serait dommage de le perdre.

Il se tourna vers le conducteur.

— Dis-lui, toi.

— Je le mélange avec du son et je le donne aux chevaux. Il faut bien qu'ils prennent des forces. C'est que ça monte dur jusqu'aux Errancis.

Carnot venait d'arriver. Lui aussi était en civil. Il portait une redingote grise qui faisait ressortir la pâleur de son visage. Les joues boursouflées, des poches sous les yeux, les cheveux coupés en désordre sur le front, il semblait jaillir de son sommeil.

— Tu as l'air exténué ? l'interrogea Barras.

Carnot secoua la tête. Des semaines qu'il ne dormait plus. L'Incorruptible et surtout Saint-Just lui avaient volé jusqu'à ses nuits. Et maintenant c'était le tour de cet hypocrite de Barère et de ce fanfaron de Tallien.

— Pourquoi m'as-tu demandé de venir en urgence ?

Barras lui montra la foule qui grossissait.

— J'ai besoin de soldats. S'il y a une émeute, les gardes nationaux, qui nous sont fidèles, ne suffiront pas.

Carnot savait peut-être où trouver une troupe prête à intervenir en cas de besoin ?

— Tu sais bien que tous les régiments sont déjà engagés sur les frontières. À Paris il ne reste que des troupes gangrenées par les sans-culottes. On ne peut pas les employer. Je l'ai déjà dit à Tallien et Barère, mais ils n'écoutent qu'eux-mêmes.

— Et des canons ?

— Dispersés dans tout Paris.

— Donc, nous n'avons pas de réserve ?

Carnot haussa les épaules. Il n'avait rejoint la conjuration qu'au dernier moment, quand Robespierre avait été blessé. Jusqu'au bout il resterait prudent.

— Non, il faudra faire avec ce que tu as.

Barras ne répondit pas. Il était certain que Carnot lui mentait. Il y avait sûrement des troupes en réserve, mais le militaire les gardait pour lui au cas où les partisans de l'Incorruptible reprendraient l'avantage. Ainsi il sauverait sa tête en les offrant au vainqueur. Quel que soit le coup de balai, Carnot se trouverait du côté du manche.

Barras regarda la guillotine qui s'élevait sur la place. Il n'était plus certain de qui allait poser sa tête sous le couperet.

*Section révolutionnaire*
*La Conciergerie*

La file s'étendait jusqu'au couloir principal. Un à un, gardiens, greffiers, secrétaires prenaient place pour approcher la porte de bois noirci. Après avoir glissé la pièce aux deux gendarmes en faction, ils collaient leur œil avide au judas.

— Mais on ne voit rien !

— Faut que ton regard s'habitue. Tu vois la lumière qui tombe de la fente des latrines, à droite ?

— Oui, ça y est.

— Juste dessous. Tu le vois ?

— Je l'ai !

— Regarde bien au niveau de la paille. C'est là où est son visage. On voit même sa mâchoire fracassée.

— Ça pisse encore un peu, non ?

— Allez, au suivant !

D'abord confidentielle, par ordre de Fouquier-Tinville, la nouvelle s'était rapidement répandue dans toute la Conciergerie. Robespierre venait d'être incarcéré, et avec lui Saint-Just, Bonbon, Hanriot et Couthon. Très vite, les gendarmes qui se relayaient devant chaque cellule avaient trouvé un bon moyen de se remplir les poches. Très vite aussi, un duo de tête s'était détaché. Sans surprise, Saint-Just et Robespierre étaient les plus demandés. On venait voir Saint-Just arpenter sa cellule comme un fauve en cage, l'Incorruptible croupir dans son sang caillé. Hanriot aussi attirait la curiosité. Comme il était la plupart du temps inconscient, ses gardiens l'avaient installé la nuque bien à plat contre le mur. Ainsi, on voyait l'œil pendre sur sa joue. Seuls Bonbon et Couthon ne provoquaient aucun intérêt : à peine encore vivants, ils finissaient de sombrer dans l'indifférence générale.

*Prison de la Petite Force*

Depuis le matin, les murs ne cessaient de résonner. Malgré les menaces des geôliers, les coups de crosse des soldats dans les portes, le vacarme s'amplifiait. Avec tout ce qu'ils pouvaient dénicher, les prisonniers transformaient la prison en un tambour frappé de mille mains. Déjà dans la rue les habitants se massaient contre les entrées. À la curiosité succédait la colère. Certains tentaient de desceller les grilles des soupiraux. On voyait arriver des familles, accourues de tout Paris pour réclamer la libération de leurs proches. Des mères s'agrippaient aux portes en hurlant, tandis que les premières pierres commençaient à voler vers les panneaux de bois précipitamment tirés contre les fenêtres de la prison. Derrière, les gardes, fusil à la main, comptaient leurs munitions. Ils avaient à peine de quoi tirer deux, peut-être trois salves. Et après? Tous connaissaient la suite. Une fois la fumée des tirs dispersée, quand les premiers morts apparaîtraient sur la chaussée, la foule deviendrait enragée. La porte ne résisterait que quelques minutes, les émeutiers envahiraient tout et le carnage commencerait.

Thérésa ne comprenait pas ce qui se passait. Ou plutôt, elle comprenait trop bien. Si on l'avait sortie de sa cellule infestée de rats pour la ramener à l'étage, c'était pour une seule et bonne raison. La tuer. Voilà pourquoi les prisonniers, désespérés, ne cessaient de taper contre les murs. Une hécatombe se préparait. Comme en septembre 1792, quand le peuple avait purgé les prisons. Par le vide. Les prisons de Paris avaient été envahies et des centaines de prisonniers massacrés.

Le verrou de la porte se mit à tourner. On venait la chercher pour en finir.

Elle tenta de se lever, mais ses pieds ensanglantés la firent trébucher.

Une main se posa sur son épaule.

— Vous êtes sauvée ! Robespierre vient d'être arrêté.

*Prison de Sainte-Pélagie*

Depuis son arrestation, Éléonore frappait contre la porte de sa cellule. Les cheveux défaits, en pleurs, elle hurlait le nom de Maximilien. Pour la première fois de sa vie, elle éprouvait une douleur insupportable. En quelques instants incompréhensibles, sa vie avait basculé. Des hommes avaient surgi, fouillé sa maison, arrêté ses parents, sa sœur… Mais pourquoi ? Hier encore Robespierre était acclamé à la Convention. Que s'était-il passé ? Un nouvel attentat ? Un coup de force ? Où étaient Saint-Just, Couthon, les fidèles ? Et Hanriot, pourquoi ne faisait-il pas marcher la garde nationale ? Et Robespierre, pourquoi n'était-il pas encore venu la délivrer ? Épuisée, elle s'adossa au mur. La respiration lui manquait. À force de frapper contre le bois de la porte, ses mains étaient bleues de veines éclatées. Maximilien n'aimerait pas ça. Jamais il n'aurait toléré de la savoir dans cette situation. D'un coup, elle comprit. Ce n'étaient pas ses adversaires qui l'avaient arrêtée, mais Robespierre qui avait pris les devants. Il avait voulu la protéger, elle et sa famille. Voilà pourquoi tous les Duplay avaient été mis à l'abri. Elle retrouva un peu de souffle. Déjà ses poings lui faisaient moins mal. Il fallait à tout prix qu'elle se repeigne et qu'elle prenne soin de son visage. Elle ne pouvait pas revoir Maximilien dans cet état.

Le verrou de la porte se mit à tourner.

On venait enfin la chercher.

Un gardien apparut.

— Vous changez de cellule. Vous rejoignez votre sœur.

Le cœur d'Éléonore se dilata de gratitude. Robespierre avait vraiment pensé à tout. Souriante, elle se tourna vers le geôlier.

— Quand pourrai-je « le » voir ?

— Qui ?

— Robespierre, évidemment.

— L'Incorruptible ? Ça dépend. Vous voulez voir quelle partie ?

Éléonore se figea.

— Pour l'instant, il est presque entier, mais ça va pas durer longtemps.

*Section des Tuileries*
*Comité de salut public*

Penché sur un bureau, Barère ne cessait d'écrire. Dès qu'il avait fini une page, il la tendait à un secrétaire qui l'apportait aussitôt à l'imprimerie de la Convention. Dans les caves du palais, les presses fonctionnaient en continu à la lueur des soupiraux. On payait les ouvriers le triple de leur salaire habituel avec interdiction de faire une pause ou de sortir. Tous les quarts d'heure, des messagers, accompagnés d'un commissaire, emportaient des ballots de proclamations pour annoncer la condamnation de Robespierre dans tout Paris.

— On saura vite comme réagissent les quartiers, annonça Tallien qui venait d'arriver de la Convention. Si les affiches sont lacérées, il faudra prendre des mesures.

Barère posa sa plume. Il écrivait depuis l'aube. Son poignet lui faisait mal. Il regarda autour de lui : la salle du Comité était vide. Le silence l'oppressait. La fatigue le rendait anxieux.

— Ce qui m'inquiète, c'est la province. Je suis en train de préparer une proclamation destinée aux grandes villes. Elle arrivera après-demain si les relais de poste fonctionnent bien. D'ici là…

— Ça laisse deux jours pour parer à toute éventualité.

Barère baissa la tête pour cacher son irritation. « Parer à toute éventualité », c'était du Tallien tout craché. Que ferait-il si Paris montait à l'assaut de la Convention ? Et si Bordeaux, Lyon se soulevaient de nouveau ? Barère, qui tant de fois était passé entre les gouttes, imaginait cette fois le pire : le déluge.

— Tu as pensé à l'armée aux frontières ? La plupart des officiers sont des robespierristes fervents. Et ce n'est rien à côté de la troupe…

Comme il parlait, Barère sentait une digue céder en lui. Jusque-là, il avait réussi à s'imposer, en décidant et tranchant pour tous, mais ce n'était pas sa véritable nature. Son tempérament attentiste reprenait déjà le dessus. Il n'avait eu de l'ambition que quelques heures.

— Tu crois qu'ils pourraient faire mouvement vers Paris ? s'alarma Tallien.

— Il leur suffirait de quelques jours…

Tous deux se regardaient, effarés. Comme des enfants qui se rendent compte subitement de l'immensité de la bêtise qu'ils viennent de commettre. Et de ses conséquences imprévisibles.

— Tu faisais quoi avant la Révolution ? demanda machinalement Barère.

— Clerc de notaire. Et toi ?

— Avocat.

D'un même mouvement, ils tournèrent la tête vers le fauteuil où s'asseyait l'Incorruptible.

— Il était comme nous, murmura Barère. Provincial et pauvre. Tu sais que c'est Fouché qui lui a payé son voyage d'Arras à Paris ?

Tallien secoua la tête. Fouché ? Décidément, on ne pouvait dévider une pelote de fil sans l'y trouver. Lui qui s'était agité dans l'ombre jusqu'à la veille avait subitement disparu. Tapi comme une araignée derrière la toile qu'il avait tissée, il ne ressurgirait qu'une fois ses proies dévorées.

— Fouché, c'était peut-être lui qu'on aurait dû guillotiner…

Comme hypnotisé, Barère fixait le fauteuil de Maximilien.

— On aurait pu s'entendre…

— Il est trop tard, dit Tallien. Nous n'avons plus le choix. Il faut en finir.

Intérieurement, il pensait à Thérésa et reprenait courage. Une fois Robespierre et les siens expédiés aux Errancis, il imposerait à la Convention un décret d'élargissement des prisonniers politiques. Tallien s'attendrit. Il se voyait déjà à la porte des prisons, ouvrant les cellules et rendant la liberté à des détenus éperdument reconnaissants. Il resterait dans l'histoire comme l'homme qui avait abattu un tyran et libéré la

France. Son avenir était assuré. Et ce n'étaient pas les craintes puériles de Barère qui allaient l'entraver.

Un commis envoyé de la Conciergerie se présenta. À le voir garder ses mains obstinément derrière son dos, on devinait qu'il tremblait. Nul n'aimait se retrouver dans l'antre du Comité. Tallien lui fit signe de parler.

— L'accusateur public me charge de vous dire qu'il peut réunir le Tribunal révolutionnaire à tout moment. Il vous demande un ordre écrit l'autorisant à se saisir des prisonniers, par la force si nécessaire : il craint une rébellion.

Exaspéré, Barère bondit de son siège.

— Une rébellion de la part de cadavres en sursis ? Il se fout de nous ! Robespierre a la moitié de la tête arrachée, son frère est un pantin désarticulé, Hanriot n'a plus de visage… Ce qu'il veut, c'est pouvoir affirmer qu'il a agi sur ordre !

D'un geste, Tallien le fit taire.

— Fouquier a déjà un ordre que nous avons tous signé contre Robespierre et ses complices. Ils sont hors la loi. Il n'a besoin de rien d'autre. Dis-lui de juger et de condamner au plus vite s'il ne veut pas être dans la fournée suivante.

Effrayé, le commis disparut aussitôt.

— Le lâche, explosa Barère. Il veut se protéger en se servant de nos têtes comme paravent !

— Il nous est utile pour quelques jours encore. Ensuite…

Barère fixait de nouveau le fauteuil de Robespierre. Comment avait-il pu se laisser entraîner jusque-là ? Une fois encore, il avait suivi le vent. Sauf que cette fois, il n'était plus au centre apaisé du tourbillon. Il s'était fait emporter comme de l'herbe sèche balayée en tous sens.

— J'ai préparé une liste pour demain.

Barère écarquilla les yeux. Tallien semblait avoir doublé de volume. Le représentant en mission qui s'humiliait devant Robespierre, qui léchait la moindre main pour sauver sa tête s'était métamorphosé en chef de meute depuis qu'il avait fait chuter l'Incorruptible.

— Une nouvelle liste d'arrestations ? Tu as vu le nombre d'exécutions aujourd'hui ? Vingt-deux ! Le peuple n'en peut plus du sang versé. Il faut faire une pause. Montrer que nous ne sommes pas comme « lui ».

Tallien le regarda étrangement.

— La fatigue te fait perdre la mémoire ? Qui a signé les ordres d'arrestation ces dernières semaines, pendant l'absence de Robespierre ? Qui est responsable de toutes ces charrettes qui ont rempli les fosses des cimetières jusqu'à ras bords ?

— Chaque fois que nous avons apposé notre signature, s'écria Barère, nous avons fait passer l'ordre d'arrestation à Maximilien pour validation.

— Et tu crois qu'il les a signés ? Trop malin pour ça. Si demain quelqu'un demande des comptes, c'est à toi qu'on s'adressera.

Effaré, Barère assistait à l'accélération de sa propre chute. Lui qui était l'arbitre de la Convention et du Comité n'était déjà plus rien. Même un Tallien pouvait se permettre de le menacer. Il croyait se libérer en éliminant Robespierre, il n'avait fait que changer de maître.

— Montre ta liste.

Tallien refusa.

— Elle est encore incomplète. Donne-moi des noms de proches de Robespierre. Il faut élargir le cercle. Et oublie les Duplay, Barras s'en est chargé.

Barère ne demanda pas pourquoi on avait arrêté la famille d'adoption de Maximilien, ni pourquoi on ne l'avait pas prévenu. À cette heure, ils étaient peut-être déjà morts.

— Pour la dernière fois, il faut peser chaque exécution, insista Barère. Parmi ceux qui ont suivi Robespierre, beaucoup ont été entraînés par l'élan.

— Comme toi ?

— Je n'ai pas tué de sang-froid comme Fouché à Lyon ou Barras à Toulon.

— Oui, mais c'est à Paris que tout se joue, et à Paris, le seul responsable du sang versé, c'est toi. Je te le redis. Quand on viendra chercher un coupable expiatoire, c'est le nom de Barère que la meute hurlera.

— Et dans la meute, il y aura qui ? Toi ?

Tallien haussa imperceptiblement les épaules. Personne n'aurait besoin de le pousser, Barère tomberait tout seul.

— Notre seule chance de nous en sortir, c'est d'éliminer tous ceux qui peuvent encore mobiliser le peuple. Ensuite, on passera à l'étape suivante.

Brusquement, Barère eut un soupçon.

— Quelle étape ?

Tallien se rapprocha.

— Nous allons organiser de grands procès publics qui vont fasciner le peuple. Et nous noircirons tellement les accusés qu'en comparaison nous aurons l'air blancs comme neige.

— Qui ?

— Tu veux vraiment le savoir ?

Barère comprit qu'il n'avait plus le choix. Ou il collaborait, ou il mourrait le premier.

— Combien de noms sur ta liste ?

— Déjà cinquante.

— Ce n'est pas assez.

*Section révolutionnaire*
*Conciergerie*

Malgré la chaleur qui accablait la ville, la salle de préparation était fraîche, protégée par une voûte de pierre qui devait dater de Saint Louis. Deux longues meurtrières, noircies pas les siècles, donnaient sur la Seine scintillante comme un miroir. Sanson recula. Le reflet du soleil lui faisait mal aux yeux. Il se retourna vers les deux tables qui occupaient le centre de la pièce. Sur la plus petite, son aide avait ouvert une trousse de cuir où s'alignaient rasoirs et ciseaux de différentes tailles.

— Tu as bien vérifié les tranchants ?

— Oui, citoyen, tout est prêt.

Sanson se tourna vers la grande table. Elle était tachée de graisse. On avait dû l'emprunter aux cuisines.

— Va voir le concierge et demande-lui deux draps. S'il le faut, paie-les.

Comme l'aide passait la porte, il l'interpella de nouveau.

— Et surtout ne parle à personne.

Une fois seul, Sanson s'abattit sur une chaise de paille. Il n'avait pas réussi à dormir. Heureusement, Tobias l'avait remplacé pour continuer de monter la guillotine. L'après-midi était arrivé. Son dos lui faisait mal, il se releva pour arpenter la salle. Le silence le frappa. Les dalles du sol, les pierres du mur, tout semblait muet, comme indifférent aux drames qui se jouaient ici tous les jours. À croire qu'il n'y avait plus que lui pour se souvenir, porter le poids de la folie humaine. Combien de fois était-il entré dans cette salle depuis la Révolution ? Il connaissait la réponse, mais secoua la tête. Il ne devait plus y penser. Les chiffres défiaient la raison et dépassaient l'imagination. Il arrêta son regard sur les rasoirs impeccablement alignés. Il aurait dû s'en servir bien avant de devoir décapiter Marie-Antoinette, Danton et surtout Lucile Desmoulins. Le jour où il avait accepté de trancher la vie de cette jeune femme, il avait perdu jusqu'au droit de se tuer. C'était avant qu'il aurait dû le faire. La porte grinça légèrement. Sanson sursauta. Fouquier-Tinville venait d'entrer. L'accusateur public semblait fiévreux. À moins que ce ne soit la chaleur. Sanson se surprit à estimer la taille de son cou.

— Nous allons sortir les détenus un par un de leurs cellules pour éviter tout risque. Par lequel veux-tu commencer ?

— Tu as déjà réuni le Tribunal ? s'étonna le bourreau.

Fouquier se raidit.

— La légalité a été respectée. Les accusés sont hors la loi, l'identité de chacun a été vérifiée et la sentence prononcée.

Sanson n'insista pas. Son aide entra et posa les deux draps pliés sur la table.

— D'habitude, je m'occupe des condamnés sur une chaise, mais là…

— Tu ne m'as pas répondu. Lequel veux-tu préparer en premier ?

— Maximilien.

Les draps avaient été dépliés et superposés sur la plus grande table. Sanson avait réclamé un coussin. On lui avait fourni un oreiller et un gendarme. Il devait récupérer la taie et tous les cheveux coupés. La Convention ne voulait surtout pas que des reliques de l'Incorruptible, transformé en martyr par le peuple, circulent.

— Poussez-vous !

Écœuré, Sanson recula. Les gardes n'avaient pas pris de brancard pour transporter Robespierre. L'un le tenait sous les aisselles, l'autre par les chevilles. La tête roulait sur le côté. Des grumeaux de sang tombaient du pansement sur le dallage. Sanson comprit vite que s'il enlevait la toile grise qui enserrait le visage, la mâchoire se détacherait.

— On vous le met là ?

Le bourreau se précipita pour éviter que le visage ne s'écrase sur la table et glissa à temps l'oreiller sous la tête.

— L'accusateur public, il dit de vous presser.

Jamais Sanson n'avait approché Robespierre de si près. Une ou deux fois, il l'avait croisé dans les couloirs de la Convention. L'élégance de l'Incorruptible n'était plus qu'un souvenir. Sa veste était souillée de taches sombres et gluantes. Ses bas éraflés laissaient voir des mollets d'une blancheur triste de linceul. Sa chevelure éparse pendait lamentablement. Ce fut la première chose que le bourreau ôta. Aussitôt le gendarme s'en empara pour la glisser dans un sac de toile.

— Tout sera brûlé dès que vous aurez terminé, annonça-t-il. Il ne doit rien rester.

Les cheveux en lambeaux, Robespierre ne se ressemblait plus.

— Il y aura pas grand-chose à couper, fit remarquer l'aide. Danton, c'était autre chose.

Sanson se pencha vers le visage de Maximilien dont les yeux clignaient de plus en plus rapidement.

— Je vais devoir ôter votre veste et tourner votre tête sur le côté. Malgré votre blessure, vous ne souffrirez pas.

Les lèvres sèches tentèrent d'articuler un mot. Sanson aperçut une langue blême et racornie.

— Il faut lui donner de l'eau.

L'aide en puisa une louche dans le seau où il venait de laver rasoirs et ciseaux. Sanson en versa un filet à travers les lèvres de l'Incorruptible. Il ne pouvait pas faire plus. Un trou sombre, brûlé de poudre, avait remplacé la joue. Le long de la mâchoire, des dents déchiquetées risquaient de chuter. Si Maximilien ouvrait trop la bouche, elles l'étoufferaient.

Une fois le cou accessible, Sanson saisit les ciseaux et commença d'égaliser les mèches de cheveux. La nuque devait être totalement dégagée pour que la lame du couperet tranche net. Ensuite, à l'aide d'un rasoir, le bourreau entailla la bordure du col de la chemise, puis la coupa largement en ovale. Selon la taille du cou, on ne savait jamais où la lame allait entailler : il fallait se donner de la marge.

— On va faire quoi de la cravate ?

L'aide montra ce qui était devenu une serpillière sanglante autour du cou de l'Incorruptible. Une partie avait été tranchée pour servir de pansement de fortune autour de la mâchoire pendante.

— Prends un rasoir. Glisse-le bien à plat entre la peau et la cravate, et essaie d'entamer le tissu.

L'aide déplia la lame, vérifia le tranchant et s'approcha de la gorge de Maximilien. Le gendarme s'interposa aussitôt.

— Je suis responsable du prisonnier. Pas question de risquer un faux mouvement.

Sanson intervint.

— Si on ne dégage pas cette cravate de son cou, c'est l'exécution qu'on risque de rater. Tu as envie que le peuple voie ça ?

— Moi, je dois garder le prisonnier vivant jusqu'à la guillotine. Toi, occupe-toi de lui trancher la tête.

*Section des Tuileries*
*Rue Saint-Honoré*

Un ciel voilé plombait la ville de chaleur. Des soupentes aux échoppes, on étouffait. Beaucoup de boutiques étaient fermées par crainte de troubles. Dans l'enceinte du Palais-Royal, les maisons de jeu étaient désertes. L'or se cachait. Comme les sans-culottes et les filles de joie. Barras, lui, était encore place de la Révolution où Sanson, revenu de la Conciergerie, achevait d'ériger la guillotine. Les montants avaient été dressés, huilés et vissés, il ne restait plus que le couperet à placer. Un travail délicat dont se chargeait Tobias. Un policier vint faire son rapport à Barras. Il désigna du doigt un immeuble qui donnait sur la place :

— C'est le dernier. Nous avons fouillé tous les autres. Nos hommes sont présents dans chaque escalier et à chaque étage. Personne ne peut plus monter.

Barras, après le départ de Carnot, avait eu une nouvelle inquiétude. La place de la Révolution, qui s'étirait jusqu'à la Seine, était entourée d'immeubles sur deux côtés. Et si un tireur embusqué derrière une fenêtre ouvrait le feu sur le peuple ? Si, dans la panique, des conjurés tentaient de délivrer les condamnés ? Pour prévenir tout risque, il avait fait tirer chaque volet et confiner tous les habitants. Soudain un cri s'éleva :

— Ils arrivent ! Ils viennent de passer la Seine.

Brusquement, la foule qui se pressait autour de l'échafaud reflua vers la rue Saint-Honoré. Barras comprit que la grande marche vers la mort arrivait à son terme.

Cela faisait plus d'une heure que les trois charrettes avaient quitté la Conciergerie; elles avaient passé le pont au Change et remontaient les quais. Au fur et à mesure que le convoi se rapprochait du lieu de l'exécution, la foule perdait tout contrôle. L'idole déchue devenait la bête à abattre. Déjà, sur le pont, les conducteurs avaient cru qu'ils ne franchiraient pas la Seine. On s'approchait des condamnés au plus près, on les touchait, on tentait de les saisir par leurs vêtements. À un moment, la pression trop forte avait manqué de faire basculer un chariot par-dessus le parapet. Les chevaux, sans cesse bousculés, effrayés, refusaient d'avancer. Il fallait les fouetter jusqu'au sang. On ne progressait plus que par à-coups.

Dans la dernière charrette, Couthon avait roulé sur le plancher. Les autres condamnés, mains liées dans le dos, n'avaient pu le relever et le piétinaient à chaque soubresaut du convoi. Dès les quais, la foule avait commencé à chanter des couplets obscènes mêlés à des chants patriotiques. On entonnait *La Carmagnole*, composée pour la chute du roi, dont on avait adapté les paroles pour l'agonie de Robespierre :

*Monsieur Robespierre avait promis*
*De faire égorger tout Paris,*
*Mais son coup a manqué, grâce à nos députés.*
*Dansons la carmagnole, vive le bruit, vive le bruit,*
*Dansons la carmagnole, vive le bruit du couperet !*

Des musiciens de rue les accompagnaient dans une cacophonie hallucinée. Saint-Just, debout, fixait, hagard, ce déferlement obscène de joie populaire. Les autres condamnés baissaient les yeux. Au sortir des quais, une farandole improvisée avait encerclé les charrettes. De toutes les maisons, des femmes et des enfants jaillissaient pour prendre part à la ronde macabre. Bonbon, lui, avait cessé d'entendre. Il ne bougeait plus depuis la Conciergerie. On l'avait installé dans la première charrette, à côté d'Hanriot, encore conscient, son œil désorbité battant la cadence sur sa joue. Quand il avait chuté de l'Hôtel de Ville, il avait réussi à se traîner jusqu'aux écuries pour se cacher. On l'avait découvert au petit matin, évanoui sur un tas de fumier.

Arrivée rue Saint-Honoré, la farandole avait cessé. La foule était trop compacte, trop houleuse. Devant la pression populaire, les gendarmes avaient renoncé à encadrer les prisonniers pour les protéger. Réunis en tête, ils tentaient d'ouvrir un passage aux chevaux. Par précaution néanmoins, on avait attaché Robespierre à une ridelle de la charrette. Lancées des fenêtres, transformées en fourmilière humaine, les insultes fusaient comme la grêle, attisant les manifestations de colère. Les charrettes, saisies par des mains avides, commençaient à tanguer. Maximilien roula à terre. Défiguré par sa blessure, il hoquetait du sang. Sa mâchoire fracassée ne tenait plus au reste du visage que par une bande souillée de crachats. Quand il se releva, il entendit un nom répété sans cesse : « Danton ! Danton ! » Lui aussi avait remonté la même rue, affronté la même foule, mais debout.

Les voitures n'avançaient plus qu'au pas. Hanriot avait glissé au sol, le corps soulevé de soubresauts. Personne ne lui prêta attention. Derrière le convoi, des députés, délégués par la Convention, vociféraient en chœur avec la foule :

— À mort le tyran !

Parmi eux, Carrier, le bourreau de Nantes. Des milliers de morts sur la conscience et une tête encore sur les épaules. C'était naturellement lui qui hurlait le plus fort.

À l'angle de la place de la Révolution, où était dressé l'échafaud, le cortège ne tourna pas à droite, mais continua son chemin. Soudain, une femme se glissa à travers les chevaux et sauta sur le banc du conducteur. Le visage convulsé, elle saisit Maximilien par l'épaule et, sans que personne intervienne, le couvrit d'imprécations.

— Maudit ! Sois maudit !

Qui avait-elle perdu sous le tranchant de la guillotine ? Un père, un mari, un fils, ou les trois à la fois ? La foule applaudit.

Sur la place de la Révolution, Barras avait disposé les gendarmes en carré autour du lieu de l'exécution. Tobias venait de fixer le couperet. Il fit signe à l'un des aides d'apporter une gerbe de foin. Il la lia en faisceau, puis la glissa dans la lunette. Sanson actionna le mécanisme. Le choc de la lame fit trembler le bois de l'échafaud. Tobias saisit la gerbe.

— La coupe est franche et régulière. On est paré.

Soudain, le domicile de Robespierre apparut. Une main charitable avait fermé porte et volets. Les vociférations redoublèrent. Les charrettes durent s'arrêter. Malgré la douleur, Maximilien tourna la tête.

Un enfant s'avançait, un seau à la main. Son fardeau le faisait légèrement tituber. On s'écarta pour le laisser passer. Devant la maison Duplay, il déposa son seau qu'un remous fit déborder. Une tache rouge s'étala sur le pavé. La foule devint immobile. L'enfant saisit un balai, le plongea dans le récipient et, d'un geste muet, aspergea la façade de sang de bœuf.

Écœuré, Robespierre ferma les yeux.

*Section des Tuileries*
*Place de la Révolution*

Une houle humaine venait battre le pied de l'échafaud. Sanson était captivé par cette marée de têtes qui s'étendait jusqu'à la Seine. Il observait la première ligne des spectateurs venus assister à la mise à mort. Des visages en sueur, des bouches qui riaient, des regards lourds de menaces. Il avait beau chercher, il ne voyait ni compassion ni pitié. Fascinée par le sang qui allait couler, cette foule avait perdu toute humanité. Heureusement, Tobias l'interpella :

— C'est comme dans *Don Giovanni*, le personnage principal meurt toujours en dernier.

Il lui tendit l'ordre des exécutions décidé par la Convention. Sanson vérifia : si Robespierre était bien le dernier, Couthon, lui, était le premier.

— Trouve-moi quelque chose pour l'asseoir, lança le bourreau à l'un de ses comparses. Même s'il est en piètre état, je veux qu'il garde sa dignité.

Le convoi venait de déboucher sur la place de la Révolution, Sanson se retourna. Les aides étaient prêts. Deux pour récupérer le corps et la tête. Les plus rapides. Deux pour mener les condamnés de l'escalier à la guillotine. Les gendarmes, eux, ne montaient jamais sur la plate-forme de l'échafaud.

Les charrettes venaient de s'arrêter.

La foule subitement devint muette.

Détaché en premier, Robespierre descendit, soutenu par Saint-Just toujours impassible. Puis on sortit Couthon. Ou plutôt on le traîna.

Sur l'échafaud, Sanson tenta de lui redonner forme humaine, mais ce n'était plus qu'un pantin désarticulé. Il appela ses aides.

— Prenez-le sous les bras et tenez-lui au moins la tête haute jusqu'à la guillotine.

Au moment où on le glissa sur la planche, Sanson entendit le souffle de la foule s'animer. Une immense inspiration monter. Il tira sur le cordon qui actionnait le couperet. Un grondement retentit sur la place. Et puis la lame frappa, trancha net le peu de vie qui restait en Couthon.

Sanson s'appuya au montant pendant que le peuple hurlait. Encore vingt et un à exécuter.

— Les autres, vite !

Ce fut le tour du menu fretin. Les têtes tombèrent comme des quilles, aussitôt escamotées par les aides, tandis que les corps roulés dans des draps sombres s'entassaient à l'arrière de l'échafaud.

Et puis arriva Saint-Just.

Il repoussa de la main l'escorte des gendarmes. Quand il passa devant Maximilien, on l'entendit lui dire : « Adieu ! » Il monta l'escalier, dénoua sa chemise et traversa lentement l'échafaud. Les aides n'osèrent l'approcher qu'au moment de le basculer sur la planche. La sueur de ses prédécesseurs qui n'avait pas encore pénétré le bois lui picota le ventre. On lui passa les sangles. Quand sa tête apparut dans la lunette, des applaudissements éclatèrent. Joie féroce devant sa mort imminente ou respect spontané face à son courage, ce fut la dernière chose qu'entendit Louis Antoine Saint-Just.

Sanson tira une fois de plus sur la corde. « Dix-neuf. » Il ne restait plus que trois condamnés. C'était le tour de Bonbon.

Il était incapable de monter l'escalier. Un aide le saisit aux épaules, le hissa, puis le fit rouler sur le plancher. Sanson surveillait la foule. Il savait combien elle était versatile. À tout moment elle pouvait se retourner, se cabrer et tout emporter dans une colère imprévisible.

— Expédiez-le, vite ! cria le bourreau.

Aussitôt, les assistants s'emparèrent de Bonbon, le firent glisser sur la planche. Sa tête surgit dans la lunette comme un boulet de canon. Et avant même qu'on ne l'attache, le couperet tomba.

C'est à ce moment-là que son frère s'écroula au sol.

La chute de Robespierre provoqua l'affolement chez les exécuteurs : la peur panique que Maximilien ne succombe avant d'être tué. On décida alors de l'achever sans attendre. Quand la foule reconnut l'Incorruptible dans cet homme au visage fracassé auquel on faisait monter l'escalier de l'échafaud, le silence tomba. La fascination devint collective. Personne ne voulait rien perdre du spectacle de sa mort.

Pour ne pas mélanger le sang des deux frères, on nettoya la guillotine à la hâte. Tobias épurait le tranchant de ses débris de chair et d'os, Sanson versait de l'eau sur la partie basse de la lunette devenue noire et visqueuse. Robespierre attendait, couché sur le plancher de l'échafaud. On le leva. Il trébucha sur le baquet d'eau qu'avait oublié le bourreau. Quand il fut étendu sur la planche, on l'immobilisa à l'aide des sangles, puis on lui passa la tête dans la lunette. Maximilien sentit l'humidité du bois sur son cou. Pour que la trajectoire de la lame ne risque pas de dévier, Sanson fit signe qu'on lui ôte son pansement.

Un aide arracha le bandage.

La mâchoire se décrocha.

Un hurlement sortit de la bouche béante.

Sanson actionna le couperet.

Quand la tête s'écrasa dans le panier, on entendit une voix de femme monter du silence de la place.

Elle prononça une seule prière :

— *Bis.*

# Le destin des survivants

**Barère, Bertrand (1755-1841)**

Considéré comme un des principaux pourvoyeurs de la guillotine, Barère est rapidement rattrapé par son passé sous la Terreur. Condamné à la déportation en Guyane par ses anciens collègues, il réussit à s'échapper et ne réapparaît que sous Bonaparte, qui l'amnistie, mais le tient éloigné des responsabilités. À la Restauration, il est de nouveau contraint à l'exil pour avoir voté la mort du roi Louis XVI. Revenu en France en 1830, il est repris par le démon de la politique et se présente à plusieurs élections, mais n'obtient que des succès sans envergure. Il n'avait pas conscience que sa carrière s'était arrêtée en avril 1795. Alors qu'il attendait pour être déporté à Cayenne, son bateau ne put partir faute de vent. Un bon mot courut alors à Paris : « C'est la première fois que Barère néglige de suivre le vent. »

**Barras, Paul (1755-1829)**

Longtemps sous-estimé par ses complices Barère et Tallien, « celui qu'on n'attendait pas » réussit à éliminer un à un ses concurrents, pour finalement s'emparer de la tête du gouvernement avec l'avènement du Directoire en 1795. Habile politicien, il joua tour à tour de tous les courants politiques pour maintenir son pouvoir personnel. Volontiers corrupteur et corrompu, il enchaîna les pots-de-vin et les conquêtes féminines, parmi lesquelles Thérésa Cabarrus et Joséphine de Beauharnais, future impératrice. Il ne commit que deux erreurs : confier à Fouché le ministère de la Police et favoriser la carrière de Bonaparte.

Le 18 brumaire 1799, le général et le ministre, aidés de Talleyrand, renversèrent un Barras incrédule qui, jusqu'à la fin de sa vie, se morfondit dans la rancœur et l'amertume.

**Cabarrus, Thérésa (1773-1835)**

Sous le Directoire, Thérésa Cabarrus lança la mode des bagues portées aux doigts de pied pour masquer les cicatrices des nombreuses morsures de rat qu'elle avait subies durant sa détention à la Petite Force.

Après avoir épousé Tallien, dont elle se sépara dès que son étoile politique pâlit, elle devint la maîtresse de Barras. Reconvertie en égérie du nouveau régime, Notre-Dame de Thermidor, comme on la surnommait alors, multiplia les amitiés fidèles, notamment avec Joséphine de Beauharnais, mais aussi les amours intéressées, comme avec le financier Ouvrard. Proche de Bonaparte, dont elle favorise la carrière, elle est néanmoins écartée du Consulat à cause de sa réputation sulfureuse. Menacée d'anonymat, elle rebondit spectaculairement en épousant le prince de Chimay. Châtelaine, princesse, mécène : la dernière incarnation de Thérésa Cabarrus fut la plus fastueuse, démentant l'épigramme assassine que Napoléon lança un jour à son sujet : « Elle eut deux ou trois maris et des enfants de tout le monde. »

**CARNOT, Lazare (1753-1823)**

Si l'élimination de Saint-Just lui permit d'endosser les succès militaires de la République – ce qui lui valut le surnom d'« Organisateur de la victoire » –, Carnot ne réussit pourtant pas à s'imposer en politique face à Tallien, puis Barras. Il ressurgit néanmoins, après le 18 brumaire, lorsque Bonaparte lui confia le ministère de la Guerre. Mais son opposition constante à la personnalisation du nouveau régime l'écarta rapidement du pouvoir. Républicain inébranlable, il reprit du service quand il jugea la patrie en danger, de la campagne de Russie jusqu'à la chute de Napoléon. Chassé de France sous la Restauration, il mourut en exil en 1823. Il est le seul des grands révolutionnaires à reposer au Panthéon.

**DAVID, Jacques Louis (1748-1825)**

Sauvé *in extremis* par Barère, celui qui avait juré de « boire la ciguë » avec Robespierre se retrouva, après la mort de celui-ci, incarcéré à la prison du Luxembourg. L'occasion pour lui de peindre, de la fenêtre de sa cellule, le seul tableau de paysage de son œuvre et de retrouver l'amour de son ex-femme, accourue pour le soutenir. Libéré, il jura qu'il ne ferait plus jamais de politique, mais s'engagea dès 1797 auprès de Bonaparte, dont il fit le portrait équestre l'année suivante. Devenu le peintre officiel du nouveau régime, il contribua à la propagande impériale en réalisant le célèbre tableau du *Sacre de Napoléon*. Il mourut à Bruxelles en 1825, exilé pour avoir voté la mort de Louis XVI.

Il ne termina jamais le tableau du *Serment du Jeu de paume*.

**Duplay, Éléonore (1768-1832)**

La première nouvelle que reçut Éléonore à la prison de Sainte-Pélagie fut la mort de sa mère, Françoise Duplay, retrouvée pendue dans sa cellule. On ignore s'il s'agit d'un suicide ou d'un meurtre. Libérée, Éléonore se cloîtra dans un anonymat volontaire et ne commenta jamais sa relation avec Robespierre.

Elle porta le deuil jusqu'à la fin de sa vie.

**Duplay, Maurice (1738-1820)**

On ne sait comment l'hôte de Robespierre, qui était aussi juré au Tribunal révolutionnaire, parvint à être acquitté lors du même procès que celui de Fouquier-Tinville, en 1795. On ne sait pas davantage comment, alors qu'il était compromis dans la conjuration des Égaux – qui se réclamaient de Robespierre –, il fut aussi acquitté en 1797. Il mourut, aisé et estimé, en 1820.

**Fouché, Joseph (1759-1820)**

Contrairement à une idée largement répandue par ses innombrables adversaires politiques, Joseph Fouché n'a jamais été prêtre.

Orphelin de père, il avait fait ses études au séminaire de Nantes avant de devenir professeur de sciences dans un collège de la congrégation des Oratoriens.

S'étant prudemment retiré après la chute de Robespierre, Joseph Fouché devint ministre de la Police à la fin du Directoire. Il garda son poste sous Napoléon, mais son ambition insatiable et son goût de la manipulation le firent écarter du pouvoir dès 1802. Toutefois, le jugeant plus dangereux encore à l'extérieur du gouvernement qu'à l'intérieur, Napoléon finit par le réintégrer à son poste de ministre de la Police. Après Waterloo, c'est lui qui décida du retour au pouvoir des Bourbons. Une décision qui lui valut de conserver, lui, l'ancien régicide, son portefeuille auprès de Louis XVIII, mais ne lui porta finalement pas chance, puisque la « Chambre introuvable » le condamna rapidement à l'exil. Il mourut à Trieste en 1820. Par précaution, ses proches brûlèrent immédiatement ses papiers intimes.

**FOUQUIER-TINVILLE, Antoine (1746-1795)**

Malgré sa coopération avec le nouveau pouvoir, l'accusateur public ne parvint pas à sauver sa tête. Après un procès où il refusa de reconnaître toute culpabilité, se retranchant derrière la légalité des ordres reçus, il fut à son tour guillotiné en mai 1795. Sa mise en accusation par la Convention donna lieu à des prises de parole passionnées, dont celle du député Fréron : « Qu'il aille cuver dans les Enfers le sang qu'il a versé ! »

**MERDA, Charles André (1770-1812)**

Tout jeune gendarme, Charles André Merda ne prétendit avoir tiré sur Robespierre que bien des années après l'événement. Il mena une carrière militaire exemplaire jusqu'au grade de général et trouva la mort lors de la campagne de Russie. Élevé au titre de baron d'Empire en 1810, il avait pris la précaution d'enlever une consonne à son nom et de se faire appeler Méda.

**SANSON, Charles Henri (1739-1806)**

Héritier d'une célèbre dynastie d'exécuteurs publics, Charles Henri Sanson guillotine son premier condamné le 25 avril 1792. Durant les trois années suivantes, il est chargé de l'exécution de près de trois mille personnes, dont Louis XVI, Marie-Antoinette, Danton et l'Incorruptible. Chaque année, Sanson fera dire une messe pour le roi de France décapité. Pas pour Robespierre.

**Tallien, Jean Lambert (1767-1820)**

Le « héros » de Thermidor ne le resta pas longtemps. Plus habile que certains de ses amis – c'est lui qui fit condamner Barère, Collot et Billaud à la déportation outre-mer –, mais moins que Barras, qui le dépouilla de son pouvoir et de sa femme, Tallien n'eut d'autre choix que d'accompagner Bonaparte dans son expédition en Égypte. Revenu, déconsidéré et oublié en 1802, il obtint grâce à Fouché un vague poste consulaire en Espagne. De retour, ruiné et malade, il vécut de maigres pensions que lui accordèrent aussi bien Napoléon que Louis XVIII.

# Orientation bibliographique


ARASSE, Daniel, *La Guillotine et l'imaginaire de la Terreur*, Paris, Flammarion, 1987.

BACZKO, Bronisław, *Comment sortir de la Terreur ? Thermidor et la Révolution*, Paris, Gallimard, 1989.

BARÈRE, Bertrand, *Mémoires*, Paris, Jules Labitte, 1842-1844.

BARRAS, Paul, *Mémoires*, Paris, Mercure de France, 2005.

BIARD, Michel, *Missionnaires de la République*, Paris, Vendémiaire, 2015.

BIARD, Michel, BOURDIN, Philippe (dir.), *Robespierre, portraits croisés*, Paris, Armand Colin, 2014.

BLANC, Olivier, *La Corruption sous la Terreur*, Paris, Robert Laffont, 1995.

BOURQUIN, Marie-Hélène, *Monsieur et Madame Tallien*, Paris, Perrin, 1997.

*Correspondance de Maximilien et Augustin Robespierre*, Paris, Alcan, 1926-1941.

CROW, Thomas, *L'Atelier de David. Émulation et Révolution*, Paris, Gallimard, 1997.

DOMECQ, Jean-Philippe, *Robespierre, derniers temps*, Paris, Pocket, 2002.

FURET, François, OZOUF, Mona (dir.), *Dictionnaire critique de la Révolution française*, Paris, Flammarion, 1988.

FURET, François, RICHET, Denis, *La Révolution française*, Paris, Hachette, « Pluriel », 2005.

GALLO, Max, *Robespierre. Histoire d'une solitude*, Paris, Perrin, 2016.

GAUCHET, Marcel, *Robespierre*, Paris, Gallimard, 2018.

GUENIFFEY, Patrice, *La Politique de la Terreur*, Paris, Fayard, 2000.

JAURÈS, Jean, *Histoire socialiste de la Révolution française*, Paris, Les Éditions sociales, 2014-2015.

LE BOZEC, Christine, *Barras*, Paris, Perrin, 2016.

LENOTRE, G., *La Mort de Robespierre et la « Mère de Dieu »*, Paris, Perrin, 1926.

LEUWERS, Hervé, *Robespierre*, Paris, Fayard, 2014.

LUZZATTO, Sergio, *Bonbon Robespierre, la terreur à visage humain*, Paris, Arléa, 2010.

MARTIN, Jean-Clément, *Robespierre, la fabrication d'un monstre*, Paris, Perrin, 2016.

MATHIEZ, Albert, *Études sur Robespierre*, Paris, Messidor-Éditions sociales, 1988.

*Moniteur. Réimpression de l'ancien, depuis la réunion des États généraux jusqu'au Consulat*, Paris, Plon, 1854-1863.

OLIVIER, Albert, *Saint-Just et la force des choses*, Paris, Gallimard, 1954.

*Œuvres de Maximilien Robespierre*, Paris, Société des études robespierristes, 2011.

*Papiers inédits trouvés chez Robespierre, Saint-Just, Payan, etc.*, Paris, Baudouin frères, 1828.

ROBESPIERRE, Charlotte, *Mémoires*, Paris, Nouveau Monde Éditions, 2006.

SARDOU, Victorien, *La Maison de Robespierre. Réponse à M. Ernest Hamel, sénateur*, Paris, Paul Ollendorff, 1895.

TULARD, Jean, *Les Thermidoriens*, Paris, Fayard, 2005.

VINOT, Bernard, *Saint-Just*, Paris, Fayard, 1985.

WALLON, Henri, *Le Tribunal révolutionnaire*, Paris, Librairie Plon, 1899.

WALTER, Gérard, *Robespierre*, Paris, Gallimard, 1989.

WARESQUIEL, Emmanuel de, *Fouché, les silences de la pieuvre*, Paris, Tallandier, 2014.

*Imprimé en France par*
CPI Bussière
en juillet 2024
N° d'impression : 2079337

Pour plus d'information :

#lisez ! engagé
www.lisez.com

Imprimé sur du papier issu de forêts gérées durablement.

Pocket – 92 avenue de France, 75013 PARIS

Suite du premier tirage : juillet 2024
S30081/03